이 책은 구약성경의 종교를 고대 근동 종교의 아류로 보거나 고대 근동 종교의 파생종교로 보는 종교사학파의 견해를 정면으로 반박하는 변증 저작이다. 구약성경은 고대 근동 종교들의 세계관과 어느 정도 유사하지만 그럼에도 유일신 신앙의 빛 아래서 고대 근동 종교의 이교주의적 다신교 세계관을 급진적으로 개변하고 쇄신했다. 고대 근동의 창조신학과 구약의 창조신학은 재료나 전개양상이 유사해 보이지만 근본적으로 다르다는 것이다. 이 책의 저자는 히브리 시가와 고대 근동 종교의 시가 사이의 유사성과 공통점을 인정하고 구약성경에 있는 히브리 시가의 독특성도 옹호하고 있다. 하지만 저자 존 커리드는 구약성경의 내러티브와 고대 근동의 유사장르의 내러티브들을 비교함으로써 구약의 내러티브가 고대 근동 종교의 유사·병행 장르의 이야기들을 근본적으로 비판하거나 대체하려는 변증적 동기를 뚜렷하게 드러내고 있다는 점을 효과적으로 강조한다. 요셉의 유혹 경험과 대처과정 이야기, 그리고 모세의 출생설화 등과 유사한 고대 근동 설화들을 구약성경 내러티브와 비교함으로 구약성경의 변증법적 지향을 잘 드러내고 있다. 이 책은 노만 갓월드(Norman Gottwald)가 쓴 『히브리성서』의 종교사학파적 접근에 영향을 받아 유일신 신앙을 옹호하는 구약성경의 특징을 간과하는 독자들에게 신선한 도전과 자극이 될 것이다.

◆ 김회권
숭실대학교 기독교학과 교수

고대 근동학과 고고학의 발전은 구약 문헌에 대한 전통적 이해에 새로운 전기가 되었다. 구약 문헌이 고대 근동 문헌의 일부분을 차지하고 있다는 사실 때문이다. 문제는 둘 사이의 상관관계다. 얼마나 의존적인가? 얼마나 독립적인가? 유사성과 차별성은 어느 정도인가? 이에 대한 대답은 극우에서 극좌까지 다양하다. 저자의 입장은 복음주의적 중용이다. 둘 사이의 관계를 긍정하면서도 구약의 묘사는 본질적으로 "논쟁신학"을 보여준다는 것이다. 논쟁신학의 목적은 히브리 사상과 고대 근동의 신앙 및 관습 사이에 있는 본질적인 차이를 보여주는 데 있다는 것이다. "신들에 대항하여"라는 원제가 이 책의 입장을 웅변적으로 대변한다. 재미있는 병렬 실례들, 의미 있는 비교분석, 설득력 있는 주장, 복음주의적 확신 등이 이 책을 돋보이게 한다. 구약과 고대 근동 문헌의 관계에 대한 탁월한 입문서다. 참 재미있다. 많은 것을 알게 된다. 구약성경이 새롭게 보일 것이다.

◆ 류호준<br>백석대학교 신학대학원 구약학 교수

이 책은 구약이 이스라엘의 고대 이웃 나라들의 종교 사상을 이용한 사실에 관한 훌륭한 개론서다. 커리드는 성경의 창조 기사와 홍수 기사를 이웃 문화권의 기사들과 비교하며, 성경이 어떻게 바빌로니아, 이집트, 히타이트, 가나안의 신학 사상을 부인하고 거부하는지를 보여준다. 커리드가 "논쟁 신학"이라고 부른 이 과정은 이스라엘 하나님의 독특한 주권을 보여주는 역할을 한다. 이것은 성경 외의 병행 기사들에 의해 제기된 문제에 접근하는 아주 긍정적인 방법이며, 성경이 이교의 사상과 신화를 빌려온 것에 불과하다는 관점으로 병행 기사들을 이해하는 방법보다 훨씬 더 좋은 방법이다.

◆ 고든 웬햄(Gordon J. Wenham)<br>영국 브리스톨 대학교 구약학 객원 교수

고대 근동 사상이 과연 구약 저자들에게 영향을 미쳤는가? 이 책은 이 중요한 문제에 관해 명확하게 말한다. 존 커리드의 저서와 주석서들은 그 가치가 입증되었으며, 이 저서는 그 목록에 추가된다. 그는 철저한 연구와 신학적 통찰력, 깊이 있는 주장을 통해 이 책을 목회자 및 신학생과 성경을 진지하게 공부하는 사람들이 반드시 보아야 하는 필독서로 만든다. 이 책은 구약을 더 깊이 이해할 수 있도록 도와주며, 성경의 신뢰성과 무오류성을 목소리 높여 증명해 줄 것이다. 아주 훌륭한 책이다.

◆ 데릭 토머스(Derek Thomas)
사우스캐롤라이나주 콜롬비아제일장로교회 목사
리폼드 신학교 역사신학 및 조직신학 교수

이 중요한 저서에서 존 커리드는 구약과 이스라엘의 고대 근동 이웃 나라들의 문헌 및 사상과의 관계를 이해하는 데 굉장히 유용한 접근 방법을 제시한다. 이 책은 구약 학자라면 반드시 읽어야 하는 책이다. 또한 이 저서는 성경을 공부하는 사람이라면 누구나 읽을 수 있는 개론서다.

◆ 데이비드 채프만(David W. Chapman)
커버넌트 신학교 신약 및 고고학 교수
*Ancient Jewish and Christian Perceptions of Crucifixion* 의 저자

구약 학계에서는 성경의 세계관이 유일신 사상임에도 불구하고, 종종 그것이 고대 이스라엘의 이웃 나라들의 문명화 이전의 종교 사상 및 의식과 병행을 이루며 또 때로는 거의 무차별적으로 그것들을 표절한다는 주장이 점점 더 그 영향력을 높여가고 있다. 이와 대조적으로, 존 커리드는 『고대 근동 신들과의 논쟁』에서 성경이 이교의 신화, 사상, 주체성, 관습 등을 훔쳐온 것이 아니라 그것을 반박하고 부인한다는 점을 설득력 있게 보여준다. 구약의 논쟁 신학에 관한 이 중요한 개론서는 현재 이루어지는 많은 비교 연구를 균형을 잃지 않으면서 수정해준다. ◆ 제이슨 드루치(Jason S. DeRouchie)

베들레헴 신학교 구약학 부교수

만약 당신이 나와 비슷하다면, 당신은 성경 배경에 대해 그리고 그것에 관해 어떻게 사고해야 하는가에 대해 더욱 알 필요가 있다. 존 커리드의 『고대 근동 신들과의 논쟁』은 아주 훌륭한 출발점이다. ◆ 제임스 해밀톤(James M. Hamilton)

남침례 신학교 성서신학 교수
*God's Glory in Salvation through Judgment* 의 저자

# Against the Gods

JOHN D. CURRID

Against the Gods

# 고대 근동 신들과의 논쟁

존 D. 커리드 지음 — 이옥용 옮김

새물결플러스

# 【 목차 】

## 【 서문 】

이 책은 구약과 고대 근동 문헌의 관계를 다룬다. 이것은 오늘날 성경 연구분야에서 많이 논의되는 어렵고 복잡한 주제다. 솔직히 말하자면, 그 둘이 서로 정확하게 어떤 관계가 있는지에 관해서 학자들 간에도 의견이 일치하지 못한다. 그중에는 분명히 극단적인 견해도 있다. 한쪽 극단에 있는 학자들은 고대 근동 연구가 구약을 이해하는 데 거의 아무런 기여를 하지 못하며 사실 성경에 위해를 끼친다고 믿는다. 다른 극단에는 구약이 독특하지 않으며 단지 신화와 전설, 민간전승에 근거한 고대 근동의 문헌을 다르게 표현한 것에 지나지 않는다고 말하는 학자들이 있다. 진리는 두 극단 사이의 어느 지점에 놓여 있다. 성경의 역사적·지리적·문화적 배경이 고대 근동이라는 것은 부인할 수 없으며, 그 시대에 관한 연구는 구약에 대한 이해를 더욱 증진시켜준다. 그러나 구약의 세계관이 고대 근동에서 독특한 것은 사실이며, 그것은 구약 어디에서든 볼 수 있는 유일신 사상으로 즉시 확인된다. 구약은 단순히 고대 근동의 사상을 통째로 삼킨 것이 아니다. 이 맥락에서 현대인들이 품게 되는 의문은 구약과 고대 근동 문헌과의 관계가 정확하게 무엇이냐는 것이다.

이 책은 다양한 국면을 가진 이 큰 문제의 특정한 면 하나를 보려고 시도한다. 내가 바라는 것은 이 논의를 좀 더 진작하고, 생각을 일깨우며, 조금이나마 발전을 이루는 데 있다. 나는 이 책을 통해 유익을 얻는 학자들도 있기를 바라지만, 이 책은 학자들을 위해 저술되지는 않았다. 이 책은 개론서다. 그러므로 논쟁 신학이라는 주제에 관해 거의 아는 것이 없는 사람을 위한 책이다. 나는 이 책이 사람들로 하여금 구약, 그리고 고대 근동의 문화 및 사상과 구약 간의 관계를 더 연구하도록 북돋아주기를 바란다.

또한 이 연구는 그 의도에 있어 예시적이지, 포괄적이지는 않다. 달리 말하자면 나는 구약의 논쟁 신학의 모든 사례를 다 고려하지 않으며, 또한 내가 고려하는 사례 모두를 철저하고 세밀하게 살펴보지 않는다. 나의 목적은 논쟁법이라는 개념이 구약과 동떨어져 있거나 찾아보기 힘든 것이 아님을 보여주는 데 있다. 사실 논쟁적인 저술 활동은 고대 근동에서 흔하게 이루어졌다.

또한 이 연구는 과도하게 단순화하는 것을 지향하지 않는다. 구약과 고대 근동 문헌 및 문화 간의 관계는 매우 복잡하다. 나는 그 관계의 단 한 가지 양상에만 초점을 맞추며, 그것은 그 자료를 바라보는 여러 개의 렌즈 중 하나일 뿐이다. 이 거대한 문제를 바라보는 시각이 완전히 발전된 단계에 이르기 위해서는, 자료를 점검하는 데 사용되어야 하는 무수히 많은 다른 렌즈가 있다. 나는 내가 미니멀리즘을 추구한다는 비난을 받을 수 있음을 알고 있다. 그러나 그것은 분명히 나의 의도가 아니다. 내가 바라는 바는 더 활발한 대화가 이루어지도록 자료를 제시하는 것이다.

이 저서의 주요 개념들은 본시 내가 2007년 리폼드 신학교 샬롯 캠퍼스에서 개최된 가을 학회에서 제시한 것들이다. 세 부분으로 이루어진 강의 시리즈는 "터무니없는 표절: 구약과 고대 근동 문헌의 관계"라는 제목이었다. 그 세미나에서 했던 강의 내용에 많은 내용이 추가되었으며, 새로운 자료가 이 책에 포함되었다. 많은 점에서 이 문제는 여전히 연구가 진행 중이며, 나는 앞으로 계속 이 주제에 관해 저술할 수 있기를 희망한다.

잠시 시간을 내어 이 원고를 준비하는 데 도움을 주었던 분들에게 감사하고 싶다. 우선 이 프로젝트를 위해 수고해준 조교 레이시 라슨에게 감사하고 싶다. 또한 연구 휴가를 내주어 이 책이 나올 수 있도록 해준 리폼드 신학교에도 감사하고 싶다. 크로스웨이 출판사의 저스틴 테일러는 처음부터 끝까지 나를 격려해주었다. 그의 성원에 감사한다.

제1장

고대 근동 연구의 간략한 역사

오늘날 고대 근동 연구는 컴퓨터 분석과 데이터 구성 등 현대 기술을 주동력으로 사용하는 아주 발달한 분야다. 물론 항상 그래왔던 것은 아니다. 19세기 초 고대 근동 연구가 시작되었을 때에는 그런 도구들이 없었기 때문이다. 앞으로 보게 되겠지만, 이 분야의 최초 연구가들은 알려지지 않은 언어들을 발견하고 해독했던 사람들이다. 사실 고대 근동 문화를 진지하게 점검하고 연구한 것은 상대적으로 최근의 현상이다. 이 분야에 대한 연구는 200년이 채 되지 않았다. 현재 이 분야는 활발하게 연구되어 전문화되고 있으며, 정보의 양은 폭발적으로 증가하고 있다.[1] 고작 200년 동안 어떻게 그만한 발전을 이룰 수 있었을까? 이 분야는 어떤 발전 과정을 거쳐 현 상태에 이르게 되었는가? 이 장에서 나는 두 가지를 하려고 한다. 첫째, 고대 근동 연구의 역사를 간략하게 요약할 것이다. 둘째, 이 분야와 다른 성경 연구분야와의 관계를 짧게 살펴볼 것이다.

---

1  전문화의 한 예로서, 나의 최종 학력은 시카고 대학교의 근동 언어 및 문명학과에서 시리아-팔레스타인 고고학으로 취득한 박사 학위다. 내가 이렇게 나를 소개해도 내 연구 분야가 무엇을 의미하는지 전혀 알지 못하는 사람이 태반이다.



고대 근동 신들과의 논쟁

## 고대 근동 연구의 시작(1798-1872)

1798년 이전에 알려진 고대 근동 역사는 주로 성경과 그리스 역사의 여러 양상을 보존했던 초기 그리스 저자들로부터 얻어진 것이었다. 이들 역사가 중 가장 중요한 학자는 기원전 5세기를 살았던 헤로도토스(Herodotus)였다. 그는 자신의 역사를 다음과 같은 유명한 진술로 소개했다.

> 나, 할리카르나소스(Halicarnassus)의 헤로도토스는 여기에 내 역사를 제시한다. 그럼으로써 시간이 지난다 해도 사람들이 했던 일이나 그리스인들과 야만인들 모두가 보여준 위대하고 놀라운 행적들이 퇴색되지 않도록 하고, 또한 그들의 기록이 남지 않는 일이 없도록 하며, 이 모든 것들과 함께 그들이 서로 싸웠던 이유가 잊히지 않게 하려는 것이다.[2]

역사를 저술하는 데 있어 헤로도토스의 일차 목표는 기원전 5세기 전반기에 있었던 그리스인들과 페르시아인들 사이의 적대감을 설명하고 이해하는 것이었다. 그의 저서 일부분은 이집트, 바빌로니아, 아시리아, 페니키아, 그리고 고대 근동의 다른 지역들의 역사에 관한 정보를 포함한다. 그의 증언의 상당 부분은 이집트 제사장들과 같은, 기원전 5세기의 토착민들이 제공했던 구전 전승으로부터 왔다. 헤로도토스가 전하는 역사의 신빙성은 격렬한 논쟁 주제이다.

---

2  David Grene, trans., *The History of Herodotus* (Chicago: University of Chicago Press, 1987), 33.

어떤 학자들에게 그는 "역사의 아버지"인 반면, 다른 학자들에게는 "거짓말의 아버지"이다.[3] 어쨌든 19세기까지는 고대 근동 역사의 증거가 아주 미미했다.

고고학은 19세기 이전에는 고대 근동을 이해하는 데 필요한 증거를 거의 제공해주지 못했다. 물론 고고학이라는 분야는 19세기 이전에도 존재했다. 현대의 현장 작업은 기원후 1738년, 나폴리만에 위치한 헤르쿨라네움(Herculaneum)에서 이루어진 조직적인 발굴과 함께 시작되었다.[4]

헤르쿨라네움에서 터널을 파고 들어가자 지금은 나폴리 박물관에 소장된 장엄한 조각상이 발견되었다. 카를 베버(Karl Weber)는 이 초기 발굴 시기에 아주 정확한 건축 청사진을 그려놓았다. 발굴은 결국 헤르쿨라네움에서 정지되었는데, 그 지역을 덮고 있던 화산 찌꺼기를 수 미터나 뚫고 들어가야 하는 큰 문제 때문이었다.[5]

곧이어 1748년에 폼페이에서도 발굴이 시작되었다. 가장 먼저 발굴되어야 할 건물에는 "소형 극장(혹은 오데온[Odeon], 1764), 이시스의 신전(the Temple of Isis, 1764), 검투사의 막사(1767), 헤르쿨라네움

---

3   A. R. Burn, *Herodotus: The Histories* (Baltimore: Penguin, 1954), 13.

4   William F. Albright, *From the Stone Age to Christianity*, 2nd ed. (Garden City, NY: Doubleday, 1957), 26

5   John D. Currid, *Doing Archaeology in the Land of the Bible* (Grand Rapids, MI: Baker, 1999), 18

고대 근동 신들과의 논쟁

문 외곽에 있는 디오메데스의 빌라(the Villa of Diomedes, 1771)" 등이 포함되어 있었다.[6]

　그러나 근동 지역에서 이루어진 체계적인 고고학 작업은 19세기에 들어서서야 시작되었다. 이 분야의 첫 번째 획기적인 도약은 이집트 연구에서 있었다. 나폴레옹은 1798년에 이집트를 침략했다. 그는 학자와 건축가 및 화가로 구성된 과학 원정대를 데리고 갔다. 그들의 일차 목적은 이집트의 고대 유물을 조사하는 것이었다. 그들이 발견한 것들은 1809-29년에 『이집트 설명』(*Description de l'Egypte*)이라는 제목의 단행본 시리즈로 출간되었다.[7] 이집트는 현대에 재발견된 근동 지역의 첫 번째 고대 땅이었기 때문에 이 탐험은 중요했다. 이 탐험은 광대한 고대 문명에 대한 서구의 눈을 열어 주었다. 나폴레옹의 군대가 마멜루크(Mameluke) 군대와 교전하기 위해 피라미드 아래에 모였을 때(1798년 7월 21일), 나폴레옹은 그의 군대에게 "병사들이여! 50세기라는 기나긴 시간이 이 피라미드 꼭대기에서 그대들을 내려다보고 있다!"라고 말했다. 이 말은 단순히 프랑스 원정 군대를 격려하려는 말이 아니라, 전 유럽을 향한 말이었다.

　이집트 고고학의 미래와 관련해서 나폴레옹 원정대는 가장 중요

---

6　E. Gersbach, "Herculaneum and Pompeii," in *The Oxford Companion to Archaeology*, ed. Brian Fagan (New York: Oxford University Press, 1996), 274-275.

7　원정대가 발굴해낸 동판들의 이미지는 Gilles Neret, *Description de l'Égypte* (Berlin: Taschen, 2007)을 보라.

한 발견을 했다. 곧 왕들의 계곡(the Valley of the Kings)이 그것이다.[8] 이집트 역사에서 신왕국 시대(약 기원전1550-1070)인 제 18-20대 왕조 때부터 테베의 이집트 왕들은 나일강 서쪽에 자신들을 위한 왕릉을 세웠다.[9] 왕들의 계곡에는 전부 왕족의 무덤은 아니지만 60개가 넘는 무덤이 있다. 물론 이 지역은 19세기 중반부터 오늘에 이르기까지 지속적인 발굴 작업의 중심지가 되었다. 이곳에서 발견된 유물 중 가장 유명한 것은 1922년에 고고학자 하워드 카터(Howard Carter)가 발견한 투탕카멘(Tutankhamen) 왕릉이다.

그러나 현실적으로 상형문자가 해독될 때까지는 실질적인 진전이 이루어질 수 없었다. 그래서 우리는 나폴레옹 원정의 가장 중요한 발견인 로제타석(1799)에 관해 생각해 보지 않을 수 없다.

이것은 1400년 이상 사용된 그림 문자인 고대 이집트의 상형문자를 푸는 열쇠였기 때문에 그 가치가 매우 큰 것으로 입증되었다. 프톨레마이오스 5세(기원전 204-180년) 시대의 것으로 추정되는 로제타석은 옛 이집트의 민중 문자, 그리스 문자, 상형문자, 이렇게 세 개의 문자로 새겨져 있다. 그리스 문자는 그 돌 위에 새겨진 고대 이집트어를 번역한 것으로 판명 났다.[10]

---

8   그곳을 가장 먼저 알아본 사람은 예수회 수사인 클로드 시카르(Claude Sicard, 1677-1726)였다. 그러나 그는 그 지역에서 고고학 작업을 하지는 않았다. John Baines and Jaromir Malek, *Atlas of Ancient Egypt* (New York: Facts on File, 1980), 24을 보라.
9   많은 학자는 히브리인들의 출애굽 연대를 이집트의 신왕국 시대로 잡는다.
10  Currid, *Doing Archaeology*, 18-19

   고대 근동 신들과의 논쟁

영국 의사인 토머스 영(Thomas Young, 1819)과 프랑스의 언어학자인 장-프랑수아 샹폴리옹(Jean-François Champollion, 1822)은 그 돌에 대한 언어학적 연구를 수행하여 상형문자를 해독할 수 있었다. 언어를 파악한 것은 중요한 걸음이었다. 앤드루스(Andrews)가 설명하는 것처럼, 이것은 "상형문자의 과학적 독해의 시작과 현대 이집트학의 기초인 고대 이집트 문법 체계 형성을 향한 첫 번째 단계를 표시했다."[11] 그러므로 나폴레옹 원정대의 발견은 고대 이집트 세계로 들어가는 문을 열었기 때문에 이제까지 가장 위대한 발견 중 하나로 증명되었다.

상형문자의 해독은 고대 이집트가 연구할 가치가 있는 매우 발달된 문화였음을 알게 해 주었으며, 또한 구약 연구에 있어서도 중요한 부분으로 여겨졌다. 예를 들어 샹폴리옹의 연구 작업은 카르나크(Karnak)에 있는 아몬(Amon) 주신전의 부바스티스 문(Bubastite Portal)에 거대하게 부조되어 있는 승전 내용의 번역으로 곧 열매를 맺었다.[12] 이 부조는 기원전 10세기에 시삭 왕이 유다와 이스라엘을 침공했다는 성경 이야기를 증명해주는 놀라운 증거다(왕상 14:25-26과 대하 12:2-4을 보라).

---

11　C. A. R. Andrews, "Rosetta Stone," in *Oxford Companion to Archaeology*, 620.

12　이 부조를 가장 훌륭하게 재생해 놓은 것은 *The Bubastite Portal,* vol. 3 of *Reliefs and Inscriptions of Karnak* (Chicago: Oriental Institute, 1954)에서 발견된다. 더 쉽게 접할 수 있는 사진은 K. A. Kitchen, "Shishak's Military Campaign in Israel Confirmed," *Biblical Archaeology Review* 15/3 (1989): 32-33을 보라. 그 부조의 해석적인 연구에 관해서는 John D. Currid, *Ancient Egypt and the Old Testament* (Grand Rapids, MI: Baker, 1997), 172-202을 보라.

또한 고고학 작업은 19세기 전반기에 메소포타미아에서 시작했다. 조르주 루(Georges Roux)는 다음과 같이 설명한다.

> 그러나 1843년에 모술에 파견된 프랑스 영사이며 이탈리아 태생인 폴 에밀 보타(Paul Emile Botta)는 코르사바드(Khorsabad)에서 이라크의 첫 번째 발굴을 시작했으며 아시리아를 발견하여 새로운 시대를 열었다. 그와 거의 동시에(1845년) 영국인 헨리 라야드(Henry Layard) 경이 니므루드(Nimrud)와 니느웨(Nineveh)에서 그의 사례를 따랐으며, 곧 수많은 인공 언덕이 발굴되었다.[13]

이 발굴들을 근거로 학자들은 아시리아와 바빌로니아 땅을 포함한 메소포타미아의 역사를 재구성하기 시작했다. 발굴 초기에는 이집트에서보다도 메소포타미아에서 구약의 역사와 관련된 유적과 기록이 더 많이 발견되었다. 예를 들어 사르곤 2세의 역대지략이 이 시기에 발견되었는데, 그는 자신을 "사마리아와 이스라엘 전체를 정복한 정복자"라고 불렀다. 이 역대지략에서는 사르곤 2세가 이스라엘의 상류층 시민 27,290명을 이주시켰으며 다른 나라 사람들로 그 자리를 채웠다고 말한다. 그는 이스라엘을 아시리아의 한 주로 만들었으며, 총독을 그곳에 임명하고, 주민들에게 무거운 공물을 부과했다. 그렇게 북왕국 이스라엘은 종말을 맞았으며 더 이상 존재하지 않게 되었다. 사르곤 2세의 역대지략은 이 중요한 시기에 관한 유용

---

13　Georges Roux, *Ancient Iraq* (Baltimore: Penguin, 1976 reprint), 43

한 정보를 제공해준다.

당시 학계에서는 발견된 것을 있는 그대로 받아들이는 분위기가 팽배해 있었다. 연구가들은 고대 근동 역사와 성경의 역사를 일치시키는 데 문제점들이 있음을 인식했지만, 학계에서는 주요 견지에서 해석학적 의혹이 있었던 것으로는 보이지 않는다. 예를 들어 성경 고고학 협회(Society of Biblical Archaeology)라는 영향력 있는 단체가 1870년에 설립되었을 때, 설립자 중 한 사람이자 대영 박물관 소속이었던 사무엘 버치(Samuel Birch)는 협회의 첫 번째 공식 모임에서 다음과 같이 말했다.

이 결과들이 아무런 어려움 없이 얻어지지 않은 것은 사실이다. 아시리아와 유대 역사 사이에는 상반되는 점들이 있었다. 아시리아의 특별한 주제를 다루는 아시리아 학자들은 당연히 니느웨의 유적들이 제공하는 정보를 더 선호하는 경향으로 기울고 있다. 그럼에도 불구하고, 아시리아인들이 특히 외국에 대해서 말할 때 기록에 오류가 없었을 것이라고 확신할 수는 없다. 연구가 진전되면서 추가로 유적들이 발견될 것이며, 그에 따라 아시리아인들과 유대인들의 연대기를 일치시키는 어려움은 점차 사라질 것이다. 석의 비평학자들은 사소한 차이점들 때문에 놀랄 필요는 없다. 세계 역사 속에서 국가적 갈등의 당사자들이 동일한 사실을 다르게 기록하는 일은 항상 있었기 때문이다.[14]

---

14 Samuel Birch, "The Progress of Biblical Archaeology: An Address," *Translations of the Society of Biblical Archaeology* I (1872): 6.

버치를 순진하다고 비판할 수 있을지는 모르겠지만, 그에 대해 확실하게 말할 수 있는 것은 그에게 선견지명이 있지는 않았다는 점이다. 왜냐하면 거의 곧바로 조지 스미스(George Smith)가 버치가 속한 협회지에 출간될 논문에서 홍수에 관한 아시리아인들의 이야기를 발견했다고 발표했기 때문이다.[15] 모든 것은 변화의 문턱에 있었다.

## 의혹의 시대가 시작되다(1873-1905)

본서 4장에서 고대 근동의 홍수 이야기들을 다루게 되겠지만, 아시리아의 홍수 이야기는 고대 근동 연구사에서 분수령이 되는 사건이기 때문에 여기서 언급하는 것이 중요하다. 스미스는 다음과 같은 진술로 그의 보고를 시작했다.

> 바로 얼마 전에 나는 대영 박물관에 있는 아시리아의 서판들 가운데서 홍수 기사를 발견했다. 우리 협회장님의 조언에 따라 나는 이제 그것을 협회 앞에서 발표한다.[16]

스미스는 아시리아의 홍수 이야기 본문을 번역하고 해설한 후에 다음과 같은 결론을 내렸다.

---

15  George Smith, "The Chaldean Account of the Deluge," *Transactions of the Society of Biblical Archaeology* 2 (1873): 213-234.
16  Ibid, 213.

　　　　　　　　　　　　고대 근동 신들과의 논쟁

결론적으로 나는 이 대홍수 이야기가 성경의 초기 역사에서 새로운 탐구 영역을 우리에게 열어준다는 점을 말하고자 한다. 그동안 종종 제기되었던 질문은 "인간의 가장 긴 수명보다도 몇 배나 더 장수했던 대홍수 이전 사람들의 이야기의 기원은 무엇인가? 첫 번째 인류가 살았던 낙원은 어디에 있었는가? 홍수와 방주 및 새의 이야기는 어디서 온 것인가?"였다. 이 중요한 질문들에 대해서 여러 상충하는 대답이 제시되었다. 한편 이 주제들에 대한 그리스 시대 이전의 증거는 아예 없었다. 이제 설형 문자로 새겨진 기록들은 이 질문들을 새롭게 조명해주고 있으며, 미래의 학자들이 연구해야만 하는 자료를 제공해준다.[17]

이 논문에 대해 학계는 즉각적으로 반응했다. 알렉산더 하이델(Alexander Heidel)이 지적한 것처럼, "이 논문은 유럽 전역에 엄청난 관심을 불러일으켰으며, 설형 문자 기록들에 대한 연구를 전반적으로 촉진시키는 계기가 되었다."[18]

그 당시 많은 학자는 히브리 홍수 기사가 더 앞선 시기의 메소포타미아 본문들에 직접적으로 의존하고 있다고 결론 내렸다. 메소포타미아의 홍수 이야기들이 구약의 이야기보다 몇 백 년 전의 것이라는 점은 맞다. 그래서 단순히 연대기만을 고려한 이 학자들은 성경의 홍수 기사가 메소포타미아의 이야기로부터 발전된 것이라고 추론했다. 이러한 사고의 대표적인 예는 프리드리히 델리취(Friedrich

---

17 Ibid, 233.
18 Alexander Heidel, *The Gilgamesh Epic and Old Testament Parallels*, 2nd ed. (Chicago: University of Chicago Press, 1949), 2.

Delitzsch)다. 그는 "창세기 안에 있는 바빌로니아 요소들을 주목하여 살펴보았으며, 성경은 터무니없이 표절을 했다"고 결론내리기에 이르렀다.[19] 드라이버(S. R. Driver)는 고대 근동의 창조 기사들을 연구하고 나서 "창세기의 첫 장이 원래는 모든 만물의 시작에 관한 바빌로니아의 전설을 히브리어로 기록한 것이다"라고 주장했다.[20]

19세기 후반과 20세기 초의 학자들은 히브리 저자들이 메소포타미아의 신화를 빌려온 다음, 그냥 그대로 내버려 두었다고 믿지 않았다. 분명히 그다음 단계가 있었으며, 그것은 성경의 저자들이 메소포타미아의 이야기에서 이교적인 요소를 제거하는 일이었다. 달리 말하자면, 그들은 신화에서 제거할 것은 제거하여 "야웨 신앙화"하는 것을 서슴지 않았다는 것이다. 예를 들어 프리드리히 델리취는 "창세기 1장을 저술했던 제사장문서 편집자는 당연히 이 창조 이야기의 모든 가능한 신화적 양상들을 제거하려고 노력했다"[21]고 말했다. 드라이버는 "성경의 우주 창조설이 아무리 그 원래의 다신론을 제거하고 변형시켰다 해도, 주요 줄거리가 바빌로니아에서 기원했다는 점에 대해서는 어떤 고고학자도 의문을 제기하지 않는다"[22]라고 결론을 내렸다.

이 초기 학자들은 성경의 창조와 홍수 기사가 원래의 다신론과 다른 이교적인 요소들을 대거 제거했다고 믿었음에도 불구하고, 다

---

19    E. A. Speiser, *Genesis* (Garden City, NY: Doubleday, 1964), lv-lvi.
20    S. R. Driver, *The Book of Genesis* (London: Methuen, 1907), 30.
21    Friedrich Delitzsch, *Babel and Bible* (New York: Putnam, 1903), 50.
22    Driver, *Book of Genesis*, 30.

                    고대 근동 신들과의 논쟁

수는 그러한 요소들의 잔재가 본문에 남아 있다고 믿었다. 전형적인 예로는 창세기 1:2의 *tehom*("깊음")이라는 단어가 메소포타미아 신화의 잔재라는 주장이다. 이것은 창조주-신인 마르두크(Marduk)의 적이었던 깊은 바다의 여신, 티아마트(Tiamat)와 관계가 있다고 여겨진다. 메소포타미아의 기사에서 마르두크는 창조를 이루기 위해 티아마트를 물리쳐야만 했다. 델리취는 이에 대해 다음과 같이 해설했다.

> 창세기의 첫 장을 썼던 제사장인 저자는 세상의 창조 이야기에 있는 신화적 양상을 모두 제거하기 위해 애를 썼다. 그러나 그의 이야기는 티아마트와 똑같은 이름을 가진 어둡고 축축한 혼돈, 즉 *tehom*으로 시작하기 때문에…성경과 바빌로니아의 세상 창조 이야기 사이에는 아주 밀접한 관계가 있음이 드러나게 될 것이다.[23]

두 이야기 사이의 이런 연관성은 20-21세기의 많은 문헌에서 사실로 받아들여지게 되었으며, 어떤 진영에서는 거의 신성불가침으로 여겨지기까지 했다.[24]

---

23  Delitzsch, *Babel and Bible*, 30.

24  예를 들어 Richard A. Muller, *The Study of Theology* (Grand Rapids, MI: Zondervan, 1991), 76을 보라. Muller는 이 추정되는 병행으로부터 "우리는 이스라엘의 기본적인 유일신 사상이 세계 질서를 어떻게 해석했으며 그 결과 그것을 어떻게 탈신화화 했는지를 배운다"라고 결론짓는다. 본서 3장에서 나는 이 명백한 병행에 관해 말할 것이다.

**새로운 지평(1906-1940)**

고대 근동의 다른 문화와 문헌들을 발견하는 일은 이집트와 메소포타미아의 경우에서보다 더욱 느리게 이루어졌다. 예를 들어 가나안 문화는 1929년에 라스샤므라(Ras Shamra)에서 발굴이 시작되어 우가리트 문헌이 발견되기 전까지는 주로 성경을 통해 알려졌다. 구약과 라스샤므라 문헌 사이의 병행은 곳곳에서 찾아볼 수 있다. 본서의 마지막 장에서 우가리트와 이스라엘의 관계를 연구할 것이기 때문에 이 시점에서는 그것을 살펴보지 않을 것이다.

고대 근동 연구에서 중요한 해는 보아즈코이(Bogazkoy)의 히타이트족의 도시(하투사, Hattusa)에서 발굴이 시작되었던 1906년이다. 그곳에서 고고학자들은 여러 언어로 새겨져 있는 수많은 기록을 발견했으며, 그것들을 통해 역사학자들은 히타이트족의 기본적인 역사와 문화에 관해 알 수 있게 되었다. 주요 고고학자인 휴고 윙클러(Hugo Winkler)는 히타이트 왕족의 고문서 보관소를 발견했는데, 그 안에는 대략 만 개 정도의 토판이 들어 있었다. 이들 중 어떤 것들은 아카드어로 기록되어 있었지만, 대부분은 히타이트어로 되어 있었다. 히타이트어는 발견되고 나서 10년 이내에 해독되었다. 시카고 대학교의 동양학 연구소(The Oriental Institute of the University of Chicago)는 1975년에 시카고 히타이트어 사전(Chicago Hittite Dictionary) 프로젝트를 시작했으며, 히타이트어의 완벽한 사전을 만들어내는 진일보를 이루었다.

19세기 고대 근동 연구에서 상당한 역할을 했던 한 가지 요인은 "성경 역사를 조명해 줄 내용을 발견하고자 하는"[25] 연구가들의 열망이었다. 그러나 20세기에 연구가들이 고대 근동의 문화 자체에 대해 독자적으로 연구를 시작하면서 상황은 바뀌었다.[26] 보아즈코이에서 이루어진 독일인들의 발굴 작업은 나중 경향의 한 사례다. 그러나 이런 변화는 보아즈코이에서 발견된 유물들이 구약을 조명해주지 않음을 의미하지는 않는다. 단지 그것이 그 연구의 주된 목적이 아니었을 뿐이다. 예를 들어 조지 멘덴홀(George Mendenhall)은 구약의 언약 형태와 보아즈코이의 히타이트 문서 보관소에서 발견된 기원전 15-13세기의 언약-조약 사이에 놀라운 유사성이 있음을 보여줌으로써 혁신적인 성과를 거두었다.[27]

이 기간에 고고학자들이 주요한 설형 문자 고문서들을 발견하면서, 고대 근동 연구에 새로운 문헌들이 지속적으로 공급되었다. 이들 중 하나는 1925년과 1933년 사이에 발굴된 누지(Nuzi) 현장에서 나왔다.[28] 누지는 현대의 이라크 북쪽 지역에 위치했던 후르리인(Hurrian)의 행정 중심지였으며, 발굴을 통해 그 도시의 행정을 다루

---

25   K. A. Kitchen, *Ancient Orient and Old Testament* (Chicago: InterVarsity Press, 1966), 21.
26   고고학 역사의 경향 전반에 대해서는 William F. Albright, *The Archaelogy of Palestine* (Harmondsworth, UK: Penguin, 1949)과 Currid, *Doing Archaeology*를 보라.
27   George E. Mendenhall, "Covenant Forms in Israelite Tradition," *Biblical Archaeologist* 17 (1954): 50-76. Mendenhall이 처음 저술을 하고 난 후로 방대한 양의 문헌이 추가되었다. 예를 들어 Meredith G. Kline, *Treaty of the Great King: The Covenant Structure of Deuteronomy* (Grand Rapids, MI: Eerdmans, 1963); Kitchen, *Ancient Orient*, 90-102; Thomas McComiskey, *Covenants of Promise* (Downers Grove, IL: InterVarsity Press, 1987)를 보라.
28   Richard F. S. Starr, *Nuzi: Report on the Excavations at Yorgan Tepa near Kirkuk, Iraq,* vol. 1 (Cambridge, MA: Harvard University Press, 1939).

었던 수많은 서판이 발견되었다. 이 문서들은 정치, 종교, 법률 등 다양한 주제를 포괄했다.[29] 누지 발굴의 목적은 성경 역사의 이해를 돕는 데 있지는 않았지만, 그곳에서 발견된 문헌들은 성경 역사에 관해 많은 것을 알게 해준다. 누지 문서들은 아브라함과 이삭 및 야곱과 같은 초기 히브리인들의 관습과 유사한 후르리인의 관습을 묘사한다. 특히 그 문서들은 이스라엘 역사에서 족장 시대에 사용되었던 것과 병행을 이루는 상속권, 결혼 관습, 입양 관습 등을 기술한다.

또한 수많은 서판이 메소포타미아 서쪽의 큰 발굴지인 마리(Mari)의 중기 청동기 갱도 II에서 발견되었다. 1930년대에 시작된 발굴을 통해 그 도시 주요 궁전의 문서 보관소에서 약 2만 개의 설형문자 서판이 발견되었다.[30] 그 문서들 대다수는 경제와 행정적인 성질의 문서다. 마리의 서판들이 묘사하는 배경은 성경 역사의 족장 시대와 매우 흡사하다.[31] 예를 들면 다음과 같다.

…둘 다 동종이형(同種二形)의 사회를 묘사한다. 즉 아브라함과 같은 족장 중심의 부족과 강력한 도시 중심지 사이의 사회적 갈래를 묘사한다. 이것은 창세기와 마리 문서에서 드러나는 유목민과 도시 거주민 사이에

---

29  M. P. Maidman, "Nuzi: Portrait of an Ancient Mesopotamian Town," in *Civilizations of the Ancient Near East*, ed. Jack Sasson, vol. 1 (New York: Scribner's, 1995), 931-947.

30  Ch.-F. Jean, *Six Campagnes de Fouilles à Mari 1933-1939*, vol. 9 of Cahiers de la Nouvelle Revue théologique (Paris: Casterman, 1952).

31  예를 들어 Abraham Malamat, *Mari and the Early Israelite Experience*, 1984 Schweich Lectures (Oxford: Oxford University Press, 1989); 같은 저자, *Mari and the Bible* (Leiden, Netherlands: Brill, 1998)을 보라.

     고대 근동 신들과의 논쟁

서 이루어지는 경제적인 물물 교환, "거주하는 이방인"이라는 개념, 도시 주변 지역에 진을 치는 일반적 관행을 통해 증명된다. 두 문헌에서 사회 구조는 세 층(대가족, 씨족, 부족)으로 동일하게 구성되어 있다. 인구 조사, 상속법, 언약의 맹세, 족보의 두드러짐과 같은 다른 관습도 매우 유사하다. 각 문화의 문헌 전반에서 동일한 인명과 지명이 발견되는데, 그 예로 하란과 나홀을 들 수 있다.[32]

결론적으로 20세기 전반기는 대체로 발견의 시기였다. 이 시기 이전에는 대부분 알려지지 않았던, 여러 언어로 기록된 수많은 서판이 발견되었다. 그뿐만 아니라 19세기부터 고대 근동 지역에서 가장 먼저 발굴이 이루어진 이집트와 메소포타미아 지역에서는 점점 더 많은 언어학적 정보가 지속적으로 나오면서, 학자들이 그들의 문화를 이해하고 재구성하는 데 큰 도움이 되었다. 고고학은 양차 세계대전 사이의 기간에 하나의 학문 영역으로 성장하면서 이 일을 하는 데 큰 도움이 되었으며, "보물찾기에 불과하다는 인식을 대부분 벗어버렸다."[33] 고고학 분야는 세련된 발굴 기술과 방법을 개발했으며 학문적 역량 역시 키워갔다.[34]

---

32  John D. Currid and David P. Barrett, *Crossway ESV Bible Atlas* (Wheaton, IL: Crossway, 2010), 63-64.

33  Currid, *Doing Archaeology*, 30.

34  William G. Dever, "Archaeological Method in Israel: A Continuing Revolution," *Biblical Archaeologist* 43 (1980): 40-48.

## 통합의 시대(1945-현재)

제2차 세계대전이 종식된 이후, 고대 근동 지역에서 새로운 언어와 문화의 발견은 진척이 거의 없었다. 큰 예외는 1976년에 에블라(Ebla, 텔 마르디크[Tell Mardikh])에서 고문서 보관소가 발견된 것이다.[35] 북 시리아에 위치한 그곳은 기원전 3천 년 후반부 동안 융성한 문명의 중심지였다. 그곳은 기원전 23세기에 파괴되었다. 에블라의 문서 보관소는 엄청난 규모였으며, 서판 연구를 통해 에블라 사람들이 그들 고유의 언어를 갖고 있었고 그 언어가 가장 오래된 서(西)셈어라는 사실을 알 수 있게 되었다.

에블라의 서판들이 처음 발견되었을 때, 그것들과 성경 본문, 특히 창세기의 족장 시기 이야기들 사이에 수많은 병행이 발견될 것이라는 기대감이 고조되었다. 그러나 이 연구는 실망스러웠다. 서판들은 기원전 3천 년대 후반의 일반적인 문화적 배경만을 제공해주었으며 성경과의 병행은 주로 지리, 지명, 인명에 국한되었다. 사실 이것은 놀랍지 않다. 왜냐하면 에블라 서판의 저술은 아브라함 시대보다 적어도 450년 정도 앞서기 때문이다. 이 문헌의 번역이 완성되려면 아직도 멀었으며 추가 작업을 통해 병행이 더 발견되기를 바랄 뿐이다.

지난 세기 중반부터 시작한 현대의 고대 근동 연구는 일찍이 발견된 자료들 위에 건물을 지어가는 시기였다. 고대 근동의 여러 언어에 대한 언어학적 연구는 믿을 수 없을 만큼 진전을 이루었다. 예

---

35　Paolo Matthiae, *Ebla: An Empire Rediscovered* (New York: Doubleday, 1981).

를 들어 고대 근동 지역의 언어로 알려진 모든 언어는 주요 사전들이 이미 출간되었거나 혹은 출간되고 있는 과정에 있다.[36] 물론 이런 폭발적인 정보의 증가는 학문적 전문화로 이어졌다. 예를 들어 우가리트어 연구의 경우, 너무나 많은 문헌이 출간되고 있기 때문에 학자들은 생산되는 정보의 양을 쫓아가기가 어려울 정도다.[37] 그래서 오늘날 고대 근동 학자들은 어느 누구도 그 지역의 다양한 문화와 언어에 대한 모든 자료를 완벽하게 다 알 수 없는 것이 현실이다.

부분적으로는 학문적인 전문화 때문에, 구약과 고대 근동 문명 간의 관계 문제는 점점 더 도외시되었다. 그리고 현대 학계는 종종 아주 냉소적으로 이 문제를 다루곤 한다.

많은 학자가 평가하기에 이스라엘의 역사는 유대의 「일리아스」, 「오디세이아」, 혹은 심지어 「곰돌이 푸 이야기」에 지나지 않을 뿐이다. 구약에 대한 최근 문헌에서 이런 관점을 발견하기는 어렵지 않다. 한 예로 토머스 톰슨(Thomas L. Thompson)의 결론을 생각해 보라. 그는 "성경의 연대는

---

36  예를 들어 *The Assyrian Dictionary of the Oriental Institute of the University of Chicago* (CAD)와 *The Chicago Hittite Dictionary Project* (CHD)를 보라. 이 것들은 거의 완성 단계에 접어든 방대한 저서다. 이집트의 경우에는 Raymond O. Faulkner, *Concise Dictionary of Middle Egyptian* (Oxford: Griffith Institute, 2009), 우가리트어의 경우에는 Gregorio del Olmo Lete and Joaquin Sanmartin, *A Dictionary of the Ugaritic Language in the Alphabetic Tradition* (Leiden, Netherlands: Brill, 2004)을 보라.

37  우가리트 연구분야에서 출간되는 주요 저널들로는 *Aula Orientalis, Journal of the Ancient Near Eastern Society, Journal of Near Eastern Studies, Journal of Northwest Semitic Languages, Maarav, Newsletter for Ugaritic Studies, Studi epigrafici e linguistici, Ugarit-Forschungen* 등이 있다.

역사적 기억에 근거하지 않았고, 아주 비역사적인 세계관을 전제로 하는 후대의 신학적 체계에 근거했음을 우리는 보았다. 근동 역사를 재구성하기 위해 마리의 문서 보관소와 그와 유사한 유물들을 사용하는 것과 비슷한 방식으로 성경 내러티브들을 사용하려고 하는 시도는 근본주의적인 일이기에 마땅히 무시해도 된다"라고 말했다.[38]

톰슨이 과격한 견해를 갖고 있다고 생각할 수 있지만, 현대 학계가 공통적으로 성경의 역사가 선전을 위해 만들어졌다고 보는 것이 현실이다. 달리 말하자면, 성경의 역사는 진정한 역사적 자료들을 접하는 데 한계를 갖고 있던 바빌론 유수 이후의 저자들에 의해 저술되었다는 것이다.[39] 그리고 대다수의 사람은 창세기 1-11장의 홍수 이전의 기사들이 고대 근동 전역에서 발견되는 유사한 이야기들처럼 신화와 전설에 불과하다고 분명히 믿는다.

오늘날 복음주의 구약 연구는 히브리인들이 갖고 있던 유일하고 독특하며 독창적인 세계관을 고수하는 입장으로부터 분명 멀어지고 있다.[40] 예를 들어 창세기에 관해 피터 엔즈(Peter Enns)는 "창

---

38　Currid, *Ancient Egypt and the Old Testament*, 172-173.

39　예를 들어 John Van Seters, *Abraham in History and Tradition* (New Haven, CT: Yale University Press, 1975); 같은 저자, *In Search of History: Historiography in the Ancient World and the Origins of Biblical History* (New Haven, CT: Yale Unversity Press, 1983); 같은 저자, *Prologue to History: The Yahwist as Historian in Genesis* (Louisville: Westminster/John Knox, 1992)를 보라.

40　여기에서 나는 Peter Enns, *Inspiration and Incarnation: Evangelicals and the Problem of the Old Testament* (Grand Rapids, MI: Baker, 2005) 『성육신의 관점에서 본 성경 영감설』(기독교문서선교회 역간)과 John H. Walton, *Genesis*, NIV

　　　　　　　　　　고대 근동 신들과의 논쟁

세기 이야기가 그 당시의 세계관에 확고하게 뿌리를 두고 있다는 사실을 인정해야" 한다고 주장한다.[41] 그리고 그는 "구약 초기의 이야기들을 고대인들이 전혀 알지 못했던 현대의 역사적 연구 기준과 과학적 정밀성을 근거로 판단해야 하는가? 하나님은 그의 말씀을 고대 이스라엘 사람들이 이해했던 기준에 따라서 그들에게 계시되게 하지 않았을까? 아니면 진리와 오류를 구분하는 현대의 표준은 너무나 보편적이기 때문에 현대 이전의 문화들 역시 그것들을 이해했을 것이라고 생각해야 하는가? 나는 전자의 입장이 이 문제를 푸는 데 더 적합한 입장이라고 생각한다."[42]라고 덧붙인다. 존 월튼(John Walton)은 히브리 성경에 대해서 "어떤 구절도 고대의 구세계 과학에서 찾아볼 수 없는 과학적 관점을 제공하지 않는다"[43]라고 말함으로써 이 관점을 명확하게 한다. 오늘날 월튼을 위시한 여러 학자들에게 있어 창세기의 처음 기사들은 "계시된 진리라기보다는 문화적인 묘사다."[44] 핵심을 말하자면, 많은 복음주의 구약 학자는 고대 근동 문헌과 성경 이야기 사이에 유사성과 병행을 강조하지만, 둘 사이의 기본적인 차이점을 전혀 인정하지 않는다.

---

Application Commentary (Grand Rapids, MI: Zondervan, 2001)과 같은 저자들을 생각하고 있다.

41  Enns, *Inspiration and Incarnation*, 27.

42  Ibid, 41.

43  John H. Walton, *The Lost World of Genesis One: Ancient Cosmology and the Origins Debate* (Downers Grove, IL: InterVarsity Press, 2009), 19.

44  Ibid, 18.

제 2 장

# 논쟁적 사고와 저술의 성질

히브리 종교 및 문화와 고대 근동 환경과의 관계 연구에서 가장 무시된 분야 중 하나는 "논쟁 신학"이라는 용어로 표현될 수 있다. 우리는 우선 이 용어를 정의할 것이다. 그런 다음 구약에 나타나는 몇 가지 구체적인 사례를 탐구할 것이다. "논쟁 신학"은 성경 저자들이 고대 근동 문화에서 흔했던 사상 형태와 이야기들을 사용하면서, 그것들을 급진적인 새로운 의미로 채운 것을 말한다. 성경 저자들은 고대 근동에서 잘 알려져 있던 표현과 모티브를 가져다가 고대 세계의 다른 신들이 아니라 야웨의 인격과 행위에 적용한다. 논쟁 신학은 정통 신앙 안으로 거짓 신들이 들어오는 것을 거부한다. 거기서 다신론은 절대로 용인되지 않는다. 논쟁 신학은 철두철미하게 유일신 사상이다.

논쟁 신학의 일차 목적은 히브리 세계관과 고대 근동의 다른 신앙 및 관습 사이의 차이점을 사실적으로 명확하게 보여주는 것이다.[1]

---

[1] John D. Currid, "The Hebrew World-and-Life View," in *Revolutions in Worldview*, ed. W. A. Hoffecker (Phillipsburg, NJ: P&R, 2007), 37-70의 논의를 보라.

그것은 히브리 사상이 다른 고대 근동 문화들을 단순히 대변하지만 은 않음을 보여주는 데 도움이 된다. 악명 높은 고등비평가인 헤르만 궁켈(Hermann Gunkel)조차도 "히브리 전설은 바빌로니아의 전설과 비교할 수 없을 정도로 우월하다.…또한 바빌로니아의 전설이 그 야만적인 성격으로 우리에게 강한 인상을 주는 반면, 히브리의 전설은 훨씬 더 우리에게 가깝고 더욱 인간적이라고 말할 수 있다"[2]라고 설명함으로써 이 사실을 인정했다. 나는 히브리 문헌을 전설이라고 말한 궁켈의 견해에 전혀 동의하지 않지만, 히브리인들이 우주와 그 작동 원리에 대해 독특한 시각을 갖고 있었다는 그의 진술은 긍정한다. 논쟁 신학은 성경 저자들이 그런 독특성을 드러내 보여준 한 가지 방법이다. 논쟁 신학의 목적은 히브리 사상과 고대 근동의 신앙 및 관습 사이에 있는 본질적인 **차이**를 보여주는 데 있다.

이 정의를 염두에 두고 이제 구약 안에 있는 논쟁 신학의 짧고 간단한 사례들을 살펴보자. 그 사례들은 논쟁적 표현 및 논쟁적 모티브, 이렇게 두 가지 범주로 분류된다. 우리는 가장 기본적 차원의 논쟁인 관용구의 병행을 먼저 살펴봄으로 논의를 시작한다. 그리고 본문 안에서 이런 유형의 논쟁이 작용하는 세 가지 사례를 관찰할 것이다.

---

2    Friedrich Delitzsch, *Babel and Bible* (Chicago: Open Court, 1903), 136에서 인용됨.

**논쟁적 표현**

강한 손

고대 이집트 문헌에서 적들에 대해 파라오가 갖고 있던 힘을 묘사하는 일반적 표현은 군주가 "강한 손"을 갖고 있다거나, "강한 팔을 소유하고 있다"거나, 혹은 "그의 팔로 적들을 멸망시키는 자"라는 것이다. 야웨께서 파라오와 이집트에게 굴욕을 주고 멸망시킬 때 출애굽기 저자가 이와 동일한 특징을 야웨에게 부여한다는 사실(출 3:19-20; 6:1; 7:4; 15:6 등)은 논쟁적이며 아이러니다.[3] 제임스 호프마이어(James Hoffmeier)는 "출애굽 전승이 파라오에 대한 하나님의 승리와 그에 따른 하나님의 우월성을 묘사하기 위해서, 이집트의 왕권을 상징하는 이집트 표현에 상응하는 히브리어 표현이나 파생어를 사용하는 것보다 더 좋은 방법이 있겠는가?"라는 질문을 던짐으로 이 병행에 대해 설명한다.[4]

어떤 면에서 보면, 히브리 저자들은 주변 문화로부터 표현과 개념을 빌려오는 "죄를 지었다." 앞서 언급된 표현들은 이집트 역사 전반에 걸친 문헌에서 특별히 파라오에게 사용된다. 그러나 성경 저자들은 그것들을 빌려다가 조롱하려는 목적으로 사용한다. 히브리 저자들은 파라오의 힘에 대해 의문을 제기하고, 야웨의 진정한 권능을 강조하기 위해 논쟁을 사용한다.

---

3    이 병행에 관한 심층적 연구는 David R. Seely, "The Image of the Hand of God in the Exodus Traditions," (PhD diss., University of Michigan, 1990)를 보라.

4    James K. Hoffmeier, "The Arm of God versus the Arm of Pharaoh in the Exodus Narratives," *Biblica* 67 (1986): 387.



고대 근동 신들과의 논쟁

이렇게 말씀하시기를

관용적 표현의 병행인 또 하나의 명백한 사례는 출애굽기 5장에 나타난다.[5] 거기서 야웨와 파라오는 둘 다 "이렇게 말씀하시기를(말하기를)…"(출 5:1, 10)이라는 숙어로 도입되는 명령을 내린다. 이집트인들은 신이 명령을 내릴 때 그 표현이 사용된다는 사실을 잘 알고 있었다. 「사자의 서」(*the Book of the Dead*)과 같은 이집트 문헌에서는 신의 뜻을 "이렇게 말하기를…"이라는 말로 빈번하게 도입했다. 예를 들어 「사자의 서」 175장은 신의 연설을 "아툼은 이렇게 말한다"라고 말함으로써 결론을 내린다.[6] 출애굽기 5장에서 성경 저자가 이 숙어를 아이러니하게 사용함으로써 (파라오를 포함한) 이집트의 신들과 히브리인의 하나님 사이에 대결이 지속될 무대가 설정된다. 이 병행은 파라오의 주권을 의식적으로 비판한다. 즉 야웨만이 하나님이시며 그분의 말씀만이 진실로 항상 실현된다는 것이다.

구름을 타는 자

관용어구 병행의 또 다른 중요한 사례는 이사야 19장에 나온다. 이사야 19:1-15은 이집트에게 주는 예언자의 신탁이다. 도입 구절은 야웨께서 이집트에 위협적으로 임하시는 사건에 초점을 맞추기 때

---

5    John D. Currid, *Ancient Egypt and the Old Testament* (Grand Rapids, MI: Baker, 1997), 83에서 이 개념을 충분히 풀어낸다.

6    "The Primeval Establishment of Order," in *Ancient Near Eastern Texts Relating to the Old Testament*, ed. James B. Pritchard, 3rd ed. (Princeton, NJ: Princeton University Press, 1969), 9-10을 보라.

문에 즉각 독자의 주의를 끈다.

> 보라, 여호와께서 빠른 구름을 타고 애굽에 임하시리니
>
> 애굽의 우상들이 그 앞에서 떨겠고 애굽인의 마음이 그 속에서 녹으리
> 로다.

야웨를 구름을 타는 분으로 묘사한 것은 이스라엘 문화만의 특징은 아니다(시 104:3 참조). 기원전 14-12세기의 우가리트 문헌에서도 가나안의 폭풍의 신 바알을 묘사하기 위해 동일한 명칭을 사용한다. 그 문헌은 다음과 같이 선포한다.

> 칠년 동안 바알은 실패할 것이며
>
> 구름을 타는 자에게 팔년 동안 이슬도 없고 비도 없을 것이다.[7]

두 행의 시적 대구법을 감안할 때 "구름을 타는 자"라는 속성은 이교의 신 바알에게 주어진다.

전혀 다른 두 신에게 같은 명칭이 사용된 사실을 어떻게 이해해야 하는가? 이교의 명칭이 히브리인이 인용하기 수 세기 전에 나타났다는 사실을 어떻게 이해해야 하는가? 어떤 학자들은 이것이 야웨가 바알로부터 진화했다는 증거라고 주장하거나, 이것이 아마도 일종의 혼합주의가 작용한 증거라고 주장한다. 그러나 실은 이사야

---

7 *I Aqht* 42-44을 저자가 번역한 것.

　　　　　　　　　　　고대 근동 신들과의 논쟁

서의 저자가 바알 숭배 사상을 함축적으로 비판하고 있을 가능성이 더 크다. 바알은 구름을 타지 않지만 야웨는 그렇다는 것이다. 그 의미는 가나안 땅에 살면서 가나안 문화를 아주 잘 알고 있었던 그 당시 이스라엘 사람들에게는 명확했을 것이다.

이 세 가지 논쟁적인 사례를 연결하는 것은 비교 언어학이며, 특별히 관용적 표현과 병행하는 용례이다. 그러나 많은 논쟁적 병행은 단순한 언어학적 유사성을 훨씬 넘어선다. 구약 기록의 수많은 사건과 모티브는 고대 근동의 문화 및 삶에 대한 논쟁으로 볼 수 있고 이해될 수 있다. 이제 우리는 이 더 큰 논쟁적 범주의 세 가지 사례를 살펴볼 것이다.

## 논쟁적 모티브

### 뱀의 대결

출애굽기 7:8-13은 모세와 아론이 지팡이를 뱀으로 바꾸는 이야기를 서술한다.[8] 히브리 지도자들의 이 행위는 파라오와 이집트인에 대한 공격이며, 이집트 신앙의 핵심을 가격한다. 우선 파라오의 왕관 정면에는 우라에우스(uraeus)라고 불리는 분노한 여자 뱀/코브라가 있었다. 이집트인은 이 뱀의 힘이 신의 권능과 주권에서 온다고 믿었다. 그것은 파라오의 힘의 상징으로 여겨졌고, 파라오의 신격과 위엄을 상징했다. "파라오 앞에서 모세가 아론에게 지팡이-

---

8 이 문단의 더 상세한 논의는 John D. Currid, "The Egyptian Setting of the 'Serpent Confrontation' in Exodus 7:8-13," *Biblische Zeitschrift* 39 (1995): 203-224을 보라.

뱀을 던지게 했을 때, 그는 다름 아닌 파라오의 주권의 상징을 직접 공격하고 있었으며, 그 장면은 논쟁적 조롱의 장면이었다. 아론의 지팡이가 이집트 마술사들의 지팡이를 삼켰을 때, 파라오의 신성과 전능함이 공격을 받고 부인되었다.···야웨만이 그 이야기 전체를 지배하고 계셨다."[9]

둘째, 지팡이를 던지는 행위는 많은 이집트 신화에서 묘사되는 이집트의 마법 능력에 대한 도전이었다. 이집트 문헌에는 제사장과 마법사가 생명이 없는 물체를 생물로 바꾸는 일을 포함해서, 놀라운 업적을 수행하는 사례들로 넘쳐난다. 예를 들어 웨스트카 파피루스(Westcar Papyrus)는 밀랍으로 된 악어를 호수에 던져 살아있는 악어로 변하게 한 제사장의 이야기를 기록한다.[10] 그가 나중에 몸을 굽혀 악어를 끄집어내자 악어는 다시 밀랍이 된다. 출애굽기 7장의 역사적 사건을 서술하면서, 성경 저자는 아마도 이집트 신화의 허구적인 성격을 암암리에 지적했을 것이다. 모세와 아론은 이집트의 신화가 단지 상상만 했던 것을 정말로 행했다. 신화는 사실이 되었다.

마지막으로, 이집트 문헌은 이집트인들이 독을 품은 피조물을 마음대로 조종하는 힘에 대해 큰 자부심을 갖고 있었음을 보여준다. 그러므로 두 명의 히브리 지도자는, 전통적으로 이집트인들에게 영광을 주었던 것을 가지고 이집트 마법사들에게 굴욕과 패배를 안겨

---

9    Currid, *Ancient Egypt and the Old Testament*, 94.

10   Adolf Erman, *The Literature of the Ancient Egyptians* (New York: Dutton, 1927), xxix, lxviii-lxix; William K. Simpson, *The Literature of Ancient Egypt* (New Haven, CT: Yale University Press, 1973), 15-30.

 고대 근동 신들과의 논쟁

주었다. 헹스텐베르크(Hengstenberg)가 말한 대로, "모세는 이집트
의 마법사들이 가장 큰 영광으로 여겼던 일과 그들의 권위를 세워
준다고 여겼던 일을 수행하는 능력을 구비하고 있었다."[11]

## 기근

위대한 히브리 예언자 엘리야가 성경에 처음 등장할 때, 그는 이
스라엘의 왕 아합과 대결하고 있는 것으로 묘사된다. 예언자는 야
웨의 이름으로 "내 말이 없으면 수년 동안 비도 이슬도 있지 아니하
리라"(왕상 17:1)고 이스라엘에게 저주를 선포한다. 기근은 언약을 깨
뜨리는 이스라엘에게 약속된 형벌이다(신 11:16-17). 이스라엘은 아
합과 이세벨의 지배 아래에서 바알 숭배에 흠뻑 젖어 들었다. 바알
숭배는 온 땅에 만연했다. 이교 신앙이 이 어두운 시대를 지배했다.
그래서 하나님은 배교 때문에 나라 전체에 심판을 가져오신다.

형벌의 형태가 비가 오지 않는 것이라는 점에 주목하는 것이 중
요하다. 이것은 의미심장하고 의도적인 저주다. 이스라엘은 가나안
의 폭풍과 비의 신인 바알을 숭배하고 있었다. 그런데 현실은 바알
이 그러한 자연적 요소들을 통제하지 않는다는 것이다. 오직 야웨
만이 통제하신다. 엘리야는 자신의 말이 없으면 비가 오지 않을 것
이라고 말할 때 그 진리를 보여준다. 비는 바알의 제사장의 말이나,
아합의 말이나, 이세벨의 말에 의해 오지 않는다. 오직 야웨의 예언

---

11　Ernst W. Hengstenberg, *Egypt and the Book of Moses* (Edinburgh: Thomas
　　Clark, 1845), 98.

자의 말에 의해서만 비가 온다. 야웨 한 분만이 그의 주권적인 손으로 날씨를 주도하신다.

### 천둥이 치게 하는 신

야웨가 그의 백성에게 임재하심을 보여주는 구약의 위대한 묘사 중 하나는 야웨가 구름에서 천둥이 치게 하고 그가 나타날 때 땅이 흔들리게 만드시는 것이다. 예를 들어 시내산에서 일어난 결정적인 계시 사건에서 야웨는 이 방식으로 나타나신다.[12] 성경은 다음과 같이 기록한다.

> 셋째 날 아침에 우레와 번개와 빽빽한 구름이 산 위에 있고 나팔 소리가 매우 크게 들리니 진중에 있는 모든 백성이 다 떨더라.…시내산에 연기가 자욱하니 여호와께서 불 가운데서 거기 강림하심이라. 그 연기가 옹기 가마 연기같이 떠오르고 온 산이 크게 진동하며(출 19:16, 18).

우가리트 문헌은 가나안의 폭풍 신인 바알의 현현 혹은 신현에 대해 유사한 이미지를 사용한다. 예를 들면, 한 문헌은 다음과 같이 말한다.

> 그런 다음 바알은 구름 사이에 틈을 냈다.
> 바알은 그의 거룩한 목소리를 발했으며,

---

12 왕상 19:11-12은 이런 방식으로 나타나는 하나님을 보여주는 또 다른 강력한 사례다.

바알의 입술에서부터 천둥이 치고…

땅의 높은 곳들이 흔들렸다.[13]

이 병행 본문에 대한 학자들의 일반적인 해석은 이것이 혼합주의를 증명해준다는 것이다. 예를 들어 마이클 쿠건(Michael Coogan)은 "그러므로 이스라엘 신의 성격은 복합적이다. 야웨는 일차적으로 엘이라는 인물이며, 그를 엘과 구분해주는 이미지와 문구 중 다수는 바알 신학에서 채택된 것이다"라고 말한다.[14] 그러나 그러한 병행은 구약이 그런 표현들을 빌려왔다거나 의존했음을 증명해주지는 못한다. 그것은 그저 우연의 일치일 수도 있고, 더 가능성 있는 것은 가나안의 이교 신앙에 대한 성경 저자의 의도적인 논쟁일 수도 있다. 달리 말하자면, 산꼭대기에서 천둥을 보내고 땅이 흔들리게 하는 것은 바알이 아니라 야웨다. 실제로는 다음과 같다.

산들이 여호와 앞에서 진동하니

시내산도 이스라엘의 하나님 여호와 앞에서 진동하였도다(삿 5:5).

어떤 학자들은 구약을 적절하게 해석하는 데 중요한 요소로 논쟁 신학의 역할을 경시한다.[15] 이와 대조적으로 나는 창조 기사부터 홍

---

13  Michael D. Coogan, *Stories from Ancient Canaan* (Philadelphia: Westminster, 1978), 21에서 인용됨.

14  Ibid, 20.

15  예를 들어 C. John Collins, *Did Adam and Eve Really Exist? Who They Were and*

수 이야기에 이르기까지 고대 근동 문헌과 구약 사이의 병행 중 많은 부분이 논쟁 신학을 올바르게 사용함으로써만 적절하고 충분하게 이해될 수 있다고 주장한다. 이 점에서 나는 브루스 월키(Bruce Waltke)의 견해에 전적으로 동의한다. 그는 성경 저자들이 "거룩하신 하나님을 진정한 창조주 그리고 우주와 역사를 지배하는 분으로 봄으로써 이교의 신화들을 반박했다"고 말한다.[16] 성경 저자들은 유일신 사상을 중심으로 하는 히브리 신앙에 유해한 고대의 이교 신화에 대항하려고 논쟁 신학을 종종 사용한다. 이 책의 목적은 독자에게 구약을 적절하게 해석하기 위해 논쟁 신학을 올바르게 이해하는 일이 가치가 있음을 보여주는 데 있다.

우리가 깨닫고 주의해야 할 중요한 점은 논쟁 신학이 구약과 고대 근동 문헌 간의 관계를 바라보는 하나의 렌즈일 뿐이라는 점이다. 따라서 히브리인들과 이집트인들이 논쟁적인 양상을 갖고 있지 않은 많은 것을 서로에게서 빌렸다는 사실은 의심의 여지가 없으며, "히브리어와 이집트어 어휘들 사이의 상호 관계를 고려해야 할 필요가 있다."[17] 또한 수많은 문화와 종교적 관습들 역시 유사했다.

---

*Why You Should Care* (Wheaton, IL: Crossway, 2011), 137-160을 보라. 거기에서 Collins는 창세기가 고대 근동의 세계관이라는 대안에 대항한 "아주 온유한" 논쟁이라고 주장한다.

16 Bruce K. Waltke, *An Old Testament Theology* (Grand Rapids, MI: Zondervan, 2007), 200.

17 Currid, *Ancient Egypt and the Old Testament*, 26. 이러한 언어학적 접촉점들을 전반적으로 살펴보기 위해서는 Thomas O. Lambdin, "Egyptian Loan Words in the Old Testament," *Journal of the American Oriental Society* 73 (1953): 145-155; R. J. Williams, "Egypt and Israel," in *The Legacy of Egypt*, ed. John R. Harris,



고대 근동 신들과의 논쟁

예를 들어 솔로몬의 징세 체계와 이집트 군주인 쇼셴크(Shoshenk) 1세의 징세 체계는, 두 나라 사이에 제도적 연관성이 분명히 있었기 때문에 아주 유사하다. 명확하지 않은 점은 누가 누구에게 영향을 미쳤냐는 것이다. 하지만 나는 쇼셴크 1세가 솔로몬의 징세 체계를 본으로 삼았다고 주장하는 알베르토 그린(Alberto Green)의 입장 쪽으로 기울어진다.[18] 어떤 경우든, 성경과 고대 근동의 문헌들 사이의 관계를 살펴보고 연구하는 방법은 많이 있다. 나는 그것들 중 논쟁 신학이 중요하다고 판단한다. 논쟁 신학은 다른 고대 근동의 지배적인 배경에 비추어서 히브리 세계관의 독특성과 유일성을 강조하는 데 도움을 준다.

---

2nd ed. (Oxford: Clarendon, 1971), 257-290; 같은 저자, "Some Egyptianisms in the Old Testament," in *Studies in Honor of John A. Wilson*, Studies in Ancient Oriental Civilization 35 (Chicago: University of Chicago Press, 1969), 93-98을 보라.

18  Alberto R. Green, "Israelite Influence at Shishak's Court," *Bulletin of the American Schools of Oriental Research* 233 (1979): 59-62.

제3장

창세기 1장과 고대 근동의 창조 기사

창세기 1장과 메소포타미아 및 이집트의 창조 기사들 사이에 수많은 병행이 있다는 점은 오래 전부터 분명했다. 나는 이 장에서 그 유사점들을 보여주려고 시도할 것이다. 지난 한 세기 반 동안 이 문제에 대해 학계가 제기한 질문은 이 많은 유사점을 어떻게 설명할 것인가이다. 많은 학자에게는 수많은 병행이 있다는 사실이 창세기 기록이 그보다 앞선 메소포타미아 및 이집트 문헌에 직접적으로 의존한다는 점을 증명해준다. 이런 입장은 19세기 말 이후로 학계를 지배해왔다. 예를 들어 프리드리히 델리취는 *Babel und Bibel*이라는 그의 유명한 저서에서 성경이 "터무니없이 표절을 했다"고 결론 내리기까지 했다.[1] 드라이버(S. R. Driver)는 "우리는 창세기의 첫 번째 장 안에 모든 만물의 시작에 관한, 바빌로니아에서 기원한 전설의 히브리 판을 갖고 있다"[2]라는 요지의 말을 했다. 헤르만 궁켈(Hermann Gunkel)은 성경의 많은 본문이 "마르두크 신화가 창세기

---

1    Friedrich Delitzsch, *Babel und Bibel: Ein Vortrag* (Leipzig: Hinrichs, 1902); 영어 번역본으로는 *Babel and Bible* (New York: Putnam, 1903)을 보라.

2    S. R. Driver, *The Book of Genesis* (London: Methuen, 1907), 30.

1장으로 변형되어간 과정을 보여 준다"[3]고 주장했다. 히브리인의 창조 이야기가 고대 근동의 다른 기사들로부터 파생되었으며 그것들을 상당히 많이 의존하고 있다는 학계의 일치된 견해는 성서학계에서 거의 표어처럼 되었다.

현대 복음주의자들은 창세기 1장과 고대 근동의 우주 창조설 간의 관계에 대해서 델리취와 여러 자료 비평학자의 의견에 동의하지 않는다. 그러나 최근 들어 이 반대의 기세가 약해지기 시작했다. 예를 들어 피터 엔즈(Peter Enns)는 어느 정도 성경의 독특성을 주장하지만, 우리가 원하는 만큼은 아니다. 그는 "창세기 이야기가 당대의 세계관에 확고하게 뿌리내리고 있음을 인정해야만"[4] 한다고 주장한다. 그리고 그는 "…창세기를 시작하는 장들은 최초의 이스라엘 사람들이 이웃인 메소포타미아 사람들과 공유했던 세계관을 담고 있다.…창세기의 이야기들은 그것들이 처음 이해되었을 때의 문맥을 갖고 있었다. 그리고 그 문맥은 현대의 과학적인 것이 아니라 고대의 신화적인 것이다"[5]라고 덧붙인다. 이 점에서 존 월튼(John Walton)은 "우리의 첫 번째 제안은 창세기 1장이 고대의 우주론이라

---

[3]    Hermann Gunkel, "The Influence of Babylonian Mythology upon the Biblical Creation Story," in *Creation in the Old Testament*, ed. Bernhard W. Anderson (London: SPCK, 1984), 46-47.

[4]    Peter Enns, *Inspiration and Incarnation: Evangelicals and the Problem of the Old Testament* (Grand Rapids, MI: Baker, 2005), 27. Collins, *Did Adam and Eve Really Exist?*, 26 n. 4은 Enns와 다른 학자들의 글을 읽을 때 주의해야 할 중요한 점들을 제시한다. 그는 이 저자들이 "세계관"과 같은 단어들을 일반적으로 이해되는 방식과 다르게 사용한다고 말한다. 그러므로 일반적인 정의를 가정하는 것을 주의할 필요가 있다.

[5]    Ibid., 55.

는 것이다.…이런 방식과 다른 많은 방식으로 그들은 고대 세계의 어느 누구와도 동일한 방식으로 우주에 대해서 생각했으며, 현대의 어느 누구와도 완전히 다른 방식으로 생각했다"[6]라고 말함으로써 같은 견해를 표명한다.

브루스 월키(Bruce Waltke)는 창세기의 저자가 고대 근동의 창조 이야기를 사용했던 과정을 다음과 같이 묘사한다. "성령의 감동을 받은 성경 저자들은 고대 이교 문헌에서 신화적 요소들을 제거하고, 거기에 자신들의 하나님의 위엄을 주입했으며, 거룩하신 하나님을 우주와 역사의 진정한 창조주이며 다스리는 분으로 봄으로써 이교의 신화를 반박했다."[7] 그러므로 창세기 저자는 고대 근동의 우주 창조설에서 신화적인 요소를 제거하는 일종의 **탈신화화**를 채택하고 난 다음, 본문 안에 유일신적인 정통 신앙을 집어넣었다는 것이다. 달리 말하자면, 창세기 저자는 원래의 신화적인 문헌을 정화하고 난 다음, 나중에 그것을 진정한 유일신 종교의 역사적인 내러티브로 변형시켰다. 솔직히 여기서 새로운 내용은 아무것도 없다. 앞서 지적한 대로, 20세기 초에 프리드리히 델리취는 "창세기 1장을 저술했던 제사장적 학자는 당연히 이 창조 이야기의 모든 가능한 신화적 양상을 제거하려고 노력했다"[8]고 해설했다.

성서학계에서 다양한 입장을 가진 많은 학자는 창세기의 신화적

---

6    John H. Walton, *The Lost World of Genesis One: Ancient Cosmology and the Origins Debate* (Downers Grove, IL: InterVarsity Press, 2009), 16.

7    Bruce K. Waltke, *An Old Testament Theology* (Grand Rapids, MI: Zondervan, 2007), 200.

    고대 근동 신들과의 논쟁

인 본래 성격을 "정화된" 본문에서도 여전히 볼 수 있다고 주장한다. 예를 들어 창세기 1장에서 하나님의 이름이 복수형인 것("엘로힘")은 원래는 다신교 사상이었던 것이 나중에 가서야 강한 유일신 사상으로 변했음을 말해준다는 주장이 종종 제기되곤 한다. 창조 기사로부터 가져온 또 다른 핵심 단어와 관련해서도 유사한 주장이 다음과 같이 제기된다.

> 또한 델리취를 비롯한 학자들은 창세기 1:2의 "테홈"(*tehom*, "깊음")이라는 단어가 메소포타미아 신화의 잔재라고 주장한다. 이것은 창조의 신인 마르두크의 적이었던 심해의 여신 티아마트(Tiamat)와 관련이 있는 것으로 생각된다. 바빌로니아의 창조 기사에서 마르두크는 그녀를 패배시킨 후 토막을 내어 바다와 땅과 하늘로 만든다. 그러므로 창세기 1장에 있는 하나님의 창조 기사 뒤에는 그가 혼돈의 신인 티아마트를 정복하고 나서 우주를 창조했다는 메소포타미아의 신화가 놓여 있다. 많은 학자는 모든 증거를 고려하면 성경 저자가 이교의 세계 질서를 단순히 탈신화화했음을 볼 수 있다고 주장한다. 이러한 주장은 최근의 많은 문헌에서 사실이 되었다.[9]

그러나 우리는 성경이 고대 근동의 전설을 탈신화화한다는 입장이 두 문헌 사이의 관계를 이해하는 유일하고 적절한 방법인지에 대해

---

8　　Delitzsch, *Babel and Bible*, 50.

9　　John D. Currid, *Ancient Egypt and the Old Testament* (Grand Rapids, MI: Baker, 1997), 28-29.

강하게 의문을 제기해야 한다. 이 입장은 창세기 1장과 고대 근동의 우주 창조설들 사이의 공생 관계를, 성경 기록의 독특성과 유일성에 해를 끼칠 만큼 강조하는 것 같다. 그런 입장은 히브리인의 세계관 및 생명관의 독창성과 예외적 성질을 과소평가하고 약화시킨다. 그러므로 문제의 핵심은 다음과 같다. 히브리인의 창조 기사는 그 핵심에서 독특한 사상인가, 아닌가? 그것은 또 다른 고대 근동의 신화를 정화한 것에 불과한 것인가? 혹은 급진적이고 독특한 우주 창조론인가? 혹은 그 중간의 무엇인가?

## 창세기와 고대 근동의 창조 기사들 사이의 병행

19세기에 메소포타미아의 우주 창조설 사본들이 발견된 후로 학자들은 줄곧 그 본문들과 창세기의 첫 몇 장과의 병행을 몹시 강조해 왔다.[10] 실제로 둘 사이에는 중요한 병행이 있다. 그러나 이 병행이 지나치게 강조된 나머지, 고대 근동의 각 사회들 사이에 있는 우주 창조론의 병행들이 간과된 것은 아닌가 하는 의문을 품게 된다. 윌프레드 램버트(Wilfred Lambert)가 설명한 것처럼, "물론 창세기와의 병행들은 그곳[즉 메소포타미아]에서 찾고 발견할 수 있다. 그러나 그것들은 가나안족, 고대 이집트인들, 후르리족, 히타이트족, 그리고 초기 그리스인들 사이에서도 탐구되고 발견될 수 있다. 병행들이 발견되었을 때, 의존의 문제가 있다면 열린 마음으로 그 문제에 접근

---

10  이 본문들의 발견에 대한 개관은 W. G. Lambert and A. R. Millard, *Atra-hasis: The Babylonian Story of the Flood* (Oxford: Clarendon, 1969), 1-5을 보라.

  고대 근동 신들과의 논쟁

해야만 한다."[11] 특히 최근 연구 중에서는 이집트의 우주 창조 문헌들이 창세기와 놀랄만한 병행들을 갖고 있다는 점을 보여주려고 시도한 연구들이 있다.[12] 그러나 내용 면에서 성경과 고대 근동의 우주 창조설 사이의 유사성을 살펴보는 데 있어 좋은 시작점으로는 「에누마 엘리쉬」(*Enuma Elish*)라고 불리는 메소포타미아의 잘 알려진 문헌이 있다.

「에누마 엘리쉬」는 창조가 질서와 혼돈 사이의 우주적 싸움으로 시작되었다고 가르친다. 그 기사를 시작하는 행들은 다음과 같다.

> 위의 하늘이 (아직) 언급(조차) 되지 않았을 때,
> (그리고) 밑의 단단한 땅의 이름이 [아직] 생각[조차] 되지 않았을 때,
> 그것들을 낳은 자, 원시의 압수(Apsu)
> 그리고 뭄무(Mummu)와 (그들 모두를 낳았던) 티아마트(Tiamat)가
> 물들을 하나로 섞고 있었을 때,
> 습지가 형성되어 있지 않았을 때 (그리고) 섬을 찾아볼 수 없었을 때,
> 어떤 신도 나타나지 않았을 때,
> 이름이 지어지지 않았고, (그의) 운명에 대해 정해진 것이 아무것도 없었을 때,

---

11  W. G. Lambert, "A New Look at the Babylonian Background of Genesis," *Journal of Theological Studies* 16 (1965): 287-300.

12  James K. Hoffmeier, "Some Thoughts on Genesis 1 and 2 and Egyptian Cosmology," *Journal of the Ancient Near Eastern Society* 15 (1983): 39-49; John D. Currid, "An Examination of the Egyptian Background of the Genesis Cosmogony," *Biblische Zeitschrift* 204/4 (1991): 18-40.

그때 신들이 그것들 안에서 만들어졌다.[13]

축축한 혼돈은 세 명의 신으로 구성되어 있었으며, 이들 중 두 신인 압수와 티아마트는 성적 생식을 통해 한 무리의 신들을 창조해냈다. 창조된 신들은 각각 자연의 중요하고 필수적인 요소(예. 하늘, 물, 흙)를 대변했다. 압수와 티아마트는 혼돈을 초래했던 무위(inactivity)만을 원했던 반면, 이 신들은 질서를 원했다.

질서의 신들과 혼돈의 신들 사이에서 우주적 전쟁이 발발했다. 질서의 신들의 왕인 마르두크는 치열한 전투 끝에 티아마트를 죽였다. 마르두크는 티아마트를 격퇴시킨 후에 티아마트의 시신을 사용하여 우주를 창조했다. 마르두크의 작품으로는 창공과 마른 땅, 광원체가 포함된다. 마지막으로 마르두크는 인류를 창조했다.

나는 피를 뭉치고 뼈가 생겨나게 할 것이다.
나는 야만스러운 존재를 세울 것이며, "사람"이 그의 이름이 될 것이다.
진실로 나는 야만인을 창조할 것이다.
신들이 편안하게 있을 수 있도록
그에게는 신들을 섬기는 임무가 주어질 것이다.

알렉산더 하이델(Alexander Heidel)은 「에누마 엘리쉬」와 창세

---

13 Thorkild Jacobsen, "Mesopotamia: The Cosmos as a State," in Henri Frankfort et al., *Before Philosophy* (Baltimore: Penguin, 1973 reprint), 184.

기 1:1-2:3 사이의 병행을 분석하는 훌륭한 일을 해냈다. 그는 접점이 있는 곳에서는 창조의 순서가 본질적으로 동일하다고 주장한다.[14] 그는 그 순서를 다음과 같이 표로 제시한다.[15]

| 「에누마 엘리쉬」 | 창세기 |
| --- | --- |
| 신의 영과 우주 물질은 영원히 공존한다 | 신의 영은 우주 물질을 창조하고 그것과 독립적으로 존재한다 |
| 원시의 혼돈; 어둠에 휩싸인 티아마트 | 땅은 황폐하며 어둠이 깊음("테훔")을 덮고 있다 |
| 신들로부터 뿜어져 나오는 빛 | 창조된 빛 |
| 궁창의 창조 | 궁창의 창조 |
| 마른 땅의 창조 | 마른 땅의 창조 |
| 광원체의 창조 | 광원체의 창조 |
| 사람의 창조 | 사람의 창조 |
| 신들이 안식하며 축하한다 | 하나님이 안식하며 일곱째 날을 거룩하게 한다 |

이집트의 창조 기사와 창세기의 창조 기사 사이의 병행은 덜 알려져 있지만 최근에 좀 더 많은 조사가 이루어졌다.[16] 두 기사 사이의 유사성은 주목할 만한 가치가 있다. 고대 이집트인들은 선재하는 원시

---

14  Alexander Heidel, *The Babylonian Genesis*, 2nd ed. (Chicago: University of Chicago Press, 1951), 129.

15  흥미롭게도 Waltke는 그의 저서인 *An Old Testament Theology*, 198에서 이 표를 제시할 때, 우측 상단 칸을 "신의 영과 우주적인 물질이 공존한다"라고 바꾸어 적는다. 창세기 1장의 물질의 창조를 은연중에 부인하려는 것이 아니라면 왜 그가 그렇게 했는지는 의문이다.

의 물("눈", Nun)에서부터 생명이 기원한다고 믿었으며, 이 혼돈의 물이라는 개념은 「에누마 엘리쉬」의 서두와 비슷하다. 원시의 언덕 혹은 흙더미들이 이 물 안에서 처음 나타났으며, 어떤 언덕 위에서 창조의 신인 레(Re)가 자연 발생을 통해서 생겨났다. 결과적으로 레는 어둠을 상징하는 쿠크(Kuk)와 같은, 선재하는 여덟 신들을 제압하여 혼돈에서 질서를 가져왔다. 이 신화에서는 그 이후에 태양신이 다른 신들을 생겨나게 했으며, 그 신들은 태양신처럼 자연의 다른 요소들을 대표했다.

레가 여러 피조물로 의인화되는 다른 신들을 창조한 행위에 대해서는 다양한 기사가 있다. "한 기사에서는 그가 원시의 언덕에 쭈그리고 앉아서 자기 신체의 여러 부분에 대해 깊이 생각하고 이름을 짓는 모습을 그린다. 그가 각 부분의 이름을 지을 때 새로운 신이 생겨났다. 또 다른 전설은 레가 침을 뱉거나 재채기를 함으로써 자기 신체로부터 다른 신들을 난폭하게 쫓아냈다고 묘사한다. 세 번째 신화는 레가 자위행위를 통해 슈(Shu)와 테프누트(Tefnut)라는 신을 창조했다고 묘사한다. 그리고 이 신들은 또 다른 신들을 출산했다."[17] 그러나 레는 고대 이집트에서 창조주로 묘사된 유일한 신이 아니다. 예를 들어 멤피스 신학(Memphite Theology)은 프타(Ptah)를 우주를 창조한 토기장이로 묘사한다.[18] 또 다른 문헌인 「크눔에게 바치는 위

---

16  J. P. Allen, *Genesis in Egypt: The Philosophy of Ancient Egyptian Creation Accounts* (New Haven, CT: Yale Egyptological Seminar, 1988)를 보라.

17  Currid, *Ancient Egypt and the Old Testament*, 36-37.

18  William K. Simpson, ed., *The Literature of Ancient Egypt* (New Haven, CT: Yale

                                    고대 근동 신들과의 논쟁

대한 찬가」(*Great Hymn to Khnum*)에서는, 크눔 신이 사람, 신, 동물, 물고기, 새 등 모든 것을 그의 토기장이 틀 위에서 만들어내는 것으로 묘사한다.[19] 고대 이집트인들은 한 신을 창조주로 묘사하는 한편, 여러 다양한 기사에서 창조주로 묘사된 신은 각각 다르다. 이 점에 대해 존 윌슨(John A. Wilson)은 1946년에 경고를 했는데, 그 경고는 여전히 유효하다. 즉 "다수의 기사가 필요하고 태초에 대해 성문화된 하나의 이야기에 안주할 수 없다는 점은 중요하다. 이집트인들은 여러 다양한 신화를 받아들였으며 그것들 중 어떤 것도 버리지 않았다."[20]

창세기 1-2장과 이집트의 우주 창조설 사이의 기본적인 병행은 다음 표에 제시된다.

---

University Press, 1973), 262. 멤피스 신학은 프타를 창조주-신으로 묘사하는 우주 창조 체계다. 그 체계는 멤피스 도시에서 발전되었으며, 그 신학은 기원전 700년경의 샤바카 본문(Shabaka Text, 샤바카 왕이 이집트의 멤피스에 있는 프타의 신전을 둘러보고 있을 때 발견한, 썩어가던 파피루스의 내용이 이 문서에 담겨 있다고 한다. 파피루스의 정보가 소실될 것을 우려한 샤바카는 돌에 이 내용을 새기게 했으며 그 돌은 샤바카 돌[Shabaka Stone]로 불리게 되었다 — 역주)에 완전한 형태로 보존되어 있다.

19  Miriam Lichtheim, *The Late Period*, vol. 3 of *Ancient Egyptian Literature* (Berkeley: University of California Press, 1980), 113.

20  Frankfort, *Before Philosophy*, 59에서 인용됨.

| 이집트 | 성경 |
| --- | --- |
| 하나의 창조주-신이지만, 다양한 신들이 이 역할을 할 수 있다 | 하나의 창조주 하나님 |
| 토기장이의 틀 위에서 혹은 대장장이로서 우주를 빚어내는 창조주-신들의 이미지 | 토기장이의 틀 위에서(사 29:16; 45:9; 64:8) 혹은 대장장이로서 우주를 빚어내는 창조주 하나님의 이미지 |
| 단순한 구두 명령을 포함해서 우주를 창조하기 위해 창조주-신이 사용하는 여러 도구들 | 하나님은 단순한 구두 명령으로 우주를 창조한다 |
| 창조주-신이 존재하는 모든 것을 창조한다 | 하나님이 존재하는 모든 것을 창조한다 |
| 창조주-신은 빛을 창조하여 혼돈을 극복한다 | 하나님은 빛을 창조하여(3절) 어둠과 공허를 (창 1:2) 극복한다. |
| 창조주-신이 하늘과 땅을 나눈다 | 하나님이 하늘과 땅을 나눈다 |
| 식물의 창조 | 식물의 창조 |
| 광원체들의 창조 | 광원체들의 창조 |
| 새와 물고기의 창조 | 새와 물고기의 창조 |
| 땅의 동물과 (창조주-신의 형상으로 된) 인류 창조 | 땅의 동물과 (하나님의 형상으로 된) 인류 창조 |

이것들은 히브리와 이집트 창조 기사 사이의 주요한 유사점에 불과하며, 다른 점들도 언급될 수 있다.[21] 내가 다른 저서에서 결론내린 것처럼, "어쨌든 이 정도의 병행은 단순히 우연일 수 없다. 우리는 이 상황을 고대에 일어난 기이한 현상이라고 감히 부르지 못한다."[22]

---

21 Cyrus H. Gordon, "Khnum and El," *Scripta Hierosolymitana* 28 (1982): 203-214; A. H. Sayce, "The Egyptian Background of Genesis I," in *Studies Presented to F. Ll. Griffith* (London: Egypt Exploration Society, 1932), 419-423을 보라.

22 Currid, *Ancient Egypt and the Old Testament*, 72.

그렇다면 창세기 1-2장과 고대 근동의 신화적인 우주 창조 이야기 사이의 관계에 대해서 어떤 추론을 내려야 하는가? 많은 병행 때문에 창세기 1-2장은 이런 다른 이야기들만큼이나 그 의도와 의미에서 신화적이라고 결론을 내려야 하는가? 이 질문들에 답하기 위해서는 좀 더 분석해보아야 한다. 이제까지 우리는 단순히 기사들 사이의 유사성에만 초점을 맞췄다. 그러나 차이점을 간과해서는 안 된다. 비유사점이 아주 많지는 않지만 그 규모와 의미가 큰 것은 사실이다.

첫째, 창조주의 본질과 관련해서, 히브리 사회를 제외하고는 고대 근동의 사회들은 모두 다신론을 갖고 있었다. 신들은 내재적이었다. 즉 그들은 우주의 여러 능력과 요소 안에서 의인화되어 있었다. 이 신들은 전능하지 않았으며, 그들이 의인화하는 자연 요소의 능력만큼 그 힘이 제한되어 있었다. 또한 신들의 기질은 종종 인간의 본성을 반영했다. 따라서 신들은 부패하고 비뚤어지게 행동하는 경우가 빈번했다. 이와 대조적으로, 히브리인의 하나님은 초월적 존재로 제시된다. 즉 우주로부터 분리되어 있는 존재다. 하나님은 우주 안에서 일하지만 우주의 일부분은 아니다. 우주는 하나님의 피조물이며 하나님이 아니다. 더욱이 이스라엘의 하나님은 인간적으로 행동하지 않으며 인간 본성이 지닌 단점들을 보이지 않는다. 인류가 하나님의 형상으로 창조되었지, 하나님이 인류의 형상으로 창조되지 않았다. 하나님은 순수하고, 공의롭고, 의롭고, 진실하시다. 야웨는 거룩하며, 전적 타자이시다.

고대 근동의 신들은 창조주-신에 의해서 창조되었다. 이 신 기원설(*theogony*, 그리스어 "신들의 출생")은 신들의 계보, 기원, 그리고 신전과 계급 구조 안에서 신들이 가지는 위치에 주로 관심을 가졌던 우주 창조 신화들에 중심적이다. 이와 대조적으로 야웨는 실재하는 유일한 신, 영원한 신, 우주의 창조주로 묘사된다. 야웨는 신들을 생겨나게 하는 행위를 하지 않았다. 창세기 기사는 급진적인 일신론이다.

고대 근동 신화에서 가장 강력한 신들은 마법적인 용맹을 가장 크게 떨쳤던 신들이었다. 예를 들어 「에누마 엘리쉬」에서 마르두크는 위대한 마법사였기 때문에 우주 질서 안에서 가장 높은 지위를 차지했다. 신들은 마르두크가 정말로 그들의 왕이 될 만한 존재인지를 시험했다. 신들은 마르두크 앞에 천 조각을 펼쳐 놓고 다음과 같이 도전했다.

"주님, 진실로 당신의 명령은 신들 사이에 우선됩니다.
창조되거나 부서지라고 말하기만 하소서. 그대로 될 것입니다.
당신의 입을 여소서. 천 조각이 사라질 것입니다.
다시 말해 보소서. 천 조각이 온전해질 것입니다."

그러자 마르두크는 대담하게 행동했다.

그의 입에서 나오는 말에 천 조각이 사라졌다.
그가 다시 말하자 천 조각이 예전 모습을 찾았다.
그의 조상인 신들은 그 말의 열매를 보았을 때,
기쁨으로 "마르두크는 왕이로소이다!"라고 경배를 드렸다.[23]

마법은 신들보다도 더 위에 있는, 우주의 궁극적인 힘이었다.

이와 대조적으로 창세기의 창조 기사는 하나님을 전능하고, 비할 자가 없으며, 주권을 가진 존재로 묘사한다. "하나님은 다른 어떤 힘에 의존하지 않는다. 더욱이 메소포타미아의 신화들과 달리 창조는 신들 사이의 경쟁이나 투쟁의 결과로 생겨난 것이 아니다. 「에누마 엘리쉬」 신화에서 창조는 누가 가장 주된 신이 될 것인가를 결정하려는 목적으로 펼쳐진 전쟁의 결과물에 불과했다."[24] 창세기 1-2장에서 이 질문은 언급조차 되지 않으며 고려할 가치조차 없다. 왜냐하면 하나님은 한 분만 존재하며 그분은 전능하시기 때문이다.

창조 자체와 관련해서도 주요한 차이점, 즉 창세기 1-2장과 고대 근동 기사 사이의 핵심적 차이가 있다. 「에누마 엘리쉬」와 이집트의 창조 신화들 안에서 창조는 원시의 물에서부터 시작한다. 이 물은 선재하는 것이었다. 달리 말해서 그것은 모든 실재의 영원한 질료인 것이다. 예를 들어 피라미드 문헌(Pyramid Texts)는 창조의 시작을 축축한 공허에서부터 원시의 섬이나 언덕이 솟아오르면서 형체를 잡아간 것으로 묘사한다. 그 언덕 위에서 창조주-신 아툼(Atum)은 가장 먼저 자기 자신을 창조했으며, 그런 다음 여러 수단으로 다른 신들을 창조했다. 이와 대조적으로 창세기 1장은 하나님의 창조 활동 이전에는 어떤 물리적인 요소가 존재했다는 것을 부인

---


23  James B. Pritchard, ed., *Ancient Near Eastern Texts Relating to the Old Testament*, 2nd ed. (Princeton, NJ: Princeton University Press, 1955), 66.

24  John D. Currid, "The Hewbrew World-and-Life View," in *Revolutions in Worldview*, ed. W. A. Hoffecker (Phillipsburg, NJ: P & R, 2007), 50.

한다. 하나님은 단순하게 무에서(*ex nihilo*) 우주를 창조하셨다.[25]

많은 학자는 창세기 1-2장의 "깊음"이 하나님의 창조 활동 이전에 존재했던 원시의 물을 가리킨다고 주장한다. "깊음"을 나타내는 히브리어 단어는 "테홈"이며, 어떤 학자들은 이것이 깊은 바다의 여신인 메소포타미아의 티아마트(Tiamat)와 관련이 있다고 주장한다. 「에누마 엘리쉬」에서 마르두크는 땅과 바다 및 하늘을 창조하기 위해 티아마트를 정복했다. 따라서 이 역사가들은 창세기 1-2장이 메소포타미아의 창조 신화의 흔적을 가지고 있으며 하나님이 창조 활동을 시작하기 전에 선재하던 혼돈의 깊음을 정복해야만 했다고 주장한다. 사실 티아마트와 "테홈"을 동일시하는 것은 아무리 좋게 보아도 미심쩍다.[26] 또한 성경 본문에는 하나님이 깊음과 전투를 벌였어야만 했다는 암시조차 없으며, 깊음은 분명히 신격으로 묘사되지 않는다. 히브리 창조 기사는 깊음을 단순히 하나님이 태초에 창조했던 원시의 대양으로 이해한다.

창세기 1장에서 하나님의 창조 활동의 절정은 인류의 창조였다 (1:26-28). 하나님은 인류를 "하나님의 형상"(*imago Dei*)으로 만들었으며, 인류에게 하나님의 주권 아래 땅을 지배하는 지위를 부여하셨다. 하나님은 인류에게 창조된 질서를 주관하는 특권을 주셨다.

---

25  *An EP Study Commentary: Genesis*, vol. 1 (Darlington, UK: Evangelical Press, 2003), 58-59에서 "무에서부터" 창조에 대한 나의 주장을 보라. 이와 반대는 Bruce K. Waltke, *Creation and Chaos* (Portland, Or: Western Conservative Baptist Seminary, 1974), 25-28; 같은 저자, "The Creation Account in Genesis 1-3," *Bibliotheca Sacra* 132 (1975): 225-228.

26  Heidel, *Babylonian Genesis*, 99-101.

인류 창조의 이런 목적은 다른 고대 근동의 창조 기사와 확연하게
다르다. 메소포타미아 신화에서 신들이 인간을 창조한 목적은 단지
신들이 배정해준 노동을 하게 하기 위해서였다. "이집트인들은 인간
창조에 대한 단독적인 혹은 정교한 이야기를 갖고 있지 않다. 그들
의 기원에 대한 언급은 다른 주제들을 중심으로 한 문헌의 일부분이
나 단순한 하나의 파편으로 발견된다."[27] 이집트의 우주 창조설 안에
서 인류의 창조는 히브리 기사에서처럼 중요하지 않았다.

신들의 창조 방법은 고대 근동 문헌들 안에서도 상당히 다양
하다. 예를 들어 이집트에는 창조주-신인 레(Re)가 우주의 다양한
요소 안에서 의인화되는 다른 신들을 만든 방법을 언급하는 세 가
지 기본적인 기사들이 있다. 앞서 말했던 대로, 한 신화는 그가 자위
행위를 통해 (공기의 신인) 슈(Shu)와 (대기의 여신인) 테프누트(Tefnut)
를 창조한 것으로 묘사한다.[28] 또 다른 문헌은 레가 침을 뱉는(혹은
가래를 뱉는) 방법을 사용하여 더 작은 신들을 창조한 것으로 기록한
다.[29] 또 다른 창조 신화에서는 레가 깊은 생각에 잠겨 자기 신체의

---

27   Currid, *Ancient Egypt and the Old Testament*, 37.
28   Pyramid Text, Utterance 527; 참조. Coffin Text, Spell 245. Pyramid Text는 기원
     전 3000년대 말에 사카라(Saqqara)에 있는 피라미드 벽에 새겨져 있던 이집트의 고왕
     국(Old Kingdom) 시기로부터 온 종교 문서 모음집이다. J. P. Allen, ed., *The Ancient
     Egyptian Pyramid Texts* (Atlanta: Society of Biblical Literature, 2005)를 보라.
     Coffin Text는 고대 이집트에서 관 위에 새겼던 장례의 주문들의 모음이며, 그것은 기
     원전 2000년 전반기의 중왕국(Middle Kingdom) 시기의 것이다. R. O. Faulkner,
     *The Ancient Egyptian Coffin Texts*, 3 vols. (Warminster, England: Aris & Philips,
     2007 reprint)를 보라.
29   Pyramid Text, Utterance 600; Coffin Text, Spell 76:3-4.

여러 부분의 이름을 지어내는 것으로 창조를 묘사한다. 레가 신체 부위에 이름을 지으면 새로운 신이 생겨났다. 메소포타미아의 「에누마 엘리쉬」에서는, 압수(Apsu)와 티아마트(Tiamat)가 "그들의 물들을 하나로 섞는" 성적인 생식 활동을 통해 다른 신들을 창조했다. 그와는 대조적으로, 창세기 1장은 하나님이 말씀을 통해서 만물을 창조하시는 것으로 묘사한다(3, 6, 8-11, 14, 20, 22, 24, 26절). 히브리 창조 개념은 한 분 하나님이 구두 명령을 사용하여 무에서부터 우주 전체를 형성했다는 것이며, 이 진리는 하나님이 전능하며 주권적이고 비교할 수 없는 존재라는 사실을 강조한다.[30]

고대 근동 우주 창조설의 저술 형태는 "신화적 내러티브"로 가장 잘 묘사된다. 이 용어로 내가 말하고자 하는 것은 이 창조 기사들이 사실이나 역사에 확고한 근거를 두지 않은 전설적인 이야기라는 것이다. 그것들은 신들의 영역을 주로 다루는 원시 시대의 상징적 이야기다. 그것들은 이야기가 수직적으로 앞으로 움직인다는 점에서만 내러티브이며, 역사와 아무 관계가 없다. 그런 내러티브의 목적은 현 상태의 우주 질서와 의미를 설명하는 데 있다. 그와 달리, 창세기 1-2장은 히브리 역사 내러티브의 특징들을 모두 갖고 있다. 그러나 그 본문은 독특한 사건을 묘사하며, 그래서 고도로 조직화되어 있다. 그 본문은 고상한 문체를 갖고 있지만 여전히 역사적 내러티브다. 존 콜린스(C. John Collins)는 창세기 1-2장을 "고양된 산문 내

---

30 멤피스 신학은 구두 명령으로 이루어진 성경에서의 창조와 유사성을 갖고 있다. Currid, *Ancient Egypt and the Old Testament*, 60-64을 보라.

　　　　　　　　　　고대 근동 신들과의 논쟁

러티브"라고 부르는데, 아마도 그것은 창세기 1-2장의 장르를 가장 잘 묘사한 명칭일 것이다.[31] 이 묘사는 그 기사의 순서와 연대기 및 역사성을 적절하게 반영하는 한편, 동시에 그것의 예외적 성질을 강조해준다.

물론 창세기 1-2장과 고대 근동의 다른 창조 기사들 사이의 차이점으로 인용될 수 있는 것은 훨씬 더 많다. 그러나 핵심은 이것이다. 차이점들은 너무나 놀랍고 현저해서 단순히 히브리인들이 신화를 정화했다는 말로만 설명될 수 없다는 것이다. 윌슨(J. V. K. Wilson)은 "[「에누마 엘리쉬」] 서사시의 근간을 이루는 종교적 개념이 (3천 년대의 아카드인과 후대 바빌로니아인 및 아시리아인들의 조상이 되는 메소포타미아의 비셈족) 수메르인들의 종교적 개념이라는 사실에 크게 기인하는, 다수의 명백한 차이점은 이 견해를 지지하는 쪽으로 무게가 기울어지게 한다"라고 말하며 그 의견에 동의한다.[32] 그러나 이 둘 사이에 주요한 차이점들이 있음에도 불구하고, 다음과 같은 질문은 여전히 남아 있다. 즉 창세기와 고대 근동의 다른 창조 기사들 사이에 존재하는 많은 병행을 어떻게 설명해야 하는가? 그리고 이러한 일치 현상을 어떻게 이해해야 하는가?

### 논쟁적인 시각

창세기 안에서 고대 근동 문헌이 언급된 것을 이해하는 한 가지 방

---

31  C. John Collins, *Genesis 1-4* (Phillipsburg, NJ: P & R, 2006), 44.

32  J. V. K. Wilson, "The Epic of Creation," in *Documents from Old Testament Times*, ed. D. W. Thomas (New York: Harper & Row, 1958), 14.

법은 그것을 논쟁으로 보는 것이다. 이 지점에서 나는 지금 우리가 다루고 있는 문제와 관련된 이 접근 방법의 세 가지 예를 제시할 것이다. 첫째, 창세기 1장은 창조의 다섯 번째 날에 하나님이 물고기와 새를 만드신 것을 묘사한다. 본문은 그 묘사에 "하나님이 큰 바다 짐승들을 창조하셨다"라는 말을 추가한다(21절). 이 짐승에 사용된 히브리어 단어는 "탄니님"(*tanninim*)이다. 이 단어는 큰 뱀, 용, 혹은 악어를 가리킬 수 있다. 이 절이 특정한 종류의 동물을 언급하는 데에는 틀림없이 특별한 목적이 있다. 가나안 문헌에서 큰 뱀 혹은 바다 짐승은 다산의 신 바알의 주적이었다.[33] 그러므로 히브리 창조 기사에 큰 바다 짐승이 포함되어 있다는 사실은 가나안 신화에 대한 논쟁으로 볼 수 있다. 히브리 기사에서 야웨는 큰 바다 짐승들을 창조했으며 그것들은 야웨에게 반역하지 않았다. 야웨는 주권을 갖고 계시며, 창조를 이루기 위해 그런 짐승들과 전투를 벌일 필요가 없다.[34]

큰 바다 짐승들을 하나님이 창조하셨다는 언급은 이집트 신앙에 대한 논쟁일 수도 있다. 창세기 1장에서 "큰 바다 짐승"에 사용된 히브리어 단어는 출애굽기 7장에서 야웨의 손에 파라오와 이집트인들이 멸망당하는 이야기에서 사용된다(8-13절). 아론은 이집트의 군주 앞에서 "탄닌"(*tannin*, 뱀)을 던졌으며, 파라오의 마법사들은 "탄니님"(*tanninim*)을 같은 장소에 던짐으로 응대했다. 야웨의 "탄

---

33  Michael D. Coogan, *Stories from Ancient Canaan* (Philadelphia: Westminster, 1978), 106-115. 참조. Pritchard, *Ancient Near Eastern Texts*, 138-141.

34  G. F. Hasel, "The Polemic Nature of the Genesis Cosmology," *Evangelical Quarterly* 46 (1974): 85-87의 중요한 논의를 보라.

                                        고대 근동 신들과의 논쟁

닌"(*tannin*)은 이집트 제사장들의 "탄니님"을 삼켰다. 이것은 야웨가 모든 "탄니님" 위에 주권을 갖고 계심을 보여준다. 야웨는 온 우주를 다스리는 왕좌에 앉아 계시며, 파라오는 그렇지 않다.

창세기 1장 논쟁의 두 번째 사례는 하나님이 광원체들을 창조하시고 그것들을 하늘에 있는 그들의 자리에 놓은 4일째에 일어난다(14-19절). 고대 근동의 다른 창조 문헌에서 별들을 만드는 사건은 신 기원설(theogony)의 일부분이었다. 우리가 보았듯이, 신 기원설은 여러 자연 요소들 안에 의인화된 신들의 창조를 말한다. 그래서 메소포타미아의 「에누마 엘리쉬」에서 창조주-신인 마르두크는 "위대한 신들과 닮은 형체의 별을 별자리에 고정시켜 그들의 자리를 만들었다."[35] 반면에 성경 저자는 유일신 사상을 고수하며 신 기원설에 전혀 관심이 없다. 알렉산더 하이델(Alexander Heidel)은 "구약 전체뿐만 아니라 창세기를 시작하는 장들도 만물을 창조하고 지배하는 유일한 창조주를 언급하며, 그 하나님은 모든 우주의 물질을 창조한 하나님이며 그것들을 초월해서 존재했던 하나님이다. 구약 전체를 통틀어서 「에누마 엘리쉬」나 헤시오도스(Hesiod)의 글(헤시오도스는 기원전 7세기경에 활동한 고대 그리스의 서사 시인이자 작가로서 호메로스와 함께 그리스 신화 및 문학에서 중요한 역할을 했다 —역주)에서 발견되는 것과 같은 신 기원설의 흔적은 없다"[36]라는 말로 같은 견해를 표출한다.

---

35  Pritchard, *Ancient Near Eastern Texts*, 67.
36  Heidel, *Babylonian Genesis*, 97.

창세기 1:16에서는 광원체들에게 이름이 주어지지 않는다. 그것들은 단순히 "큰 광원체", "작은 광원체", "별들"이라고 불린다.[37] 이것은 그러한 성체들이 신의 이름을 가진 신격이라고 믿는 고대 근동의 세계관으로부터 이스라엘의 종교를 명확하게 구분해준다. 예를 들어 이집트에서는 여러 형체를 가진 태양신이 신들의 우두머리다. 여러 문헌에서 이 신은 자기 자신을 창조한 다음, 우주의 작은 신들을 생겨나게 하는 것으로 묘사된다.[38] 히브리인들은 광원체가 생명을 갖고 있지 않은 단순한 물질이며 그것을 결코 숭배하면 안 된다는 개념을 갖고 있다(신 4:19을 보라). 하젤(Hasel)이 말한 것처럼 "그것들은 모든 피조물의 피조성을 지니고 있으며 자치적인 신성을 갖고 있지 않다."[39] 창세기 1:14-19은 고대 근동의 다른 문화에 반하는 의식적이고 강한 논쟁이다. 게르하르트 폰 라트(Gerhard von Rad)는 생각을 같이하여 "14-19절 문단 전체는 반(反)신화적 정서를 강하게 뿜어낸다"라고 말한다.[40] 성경 저자들에게 있어서 광원체는 단지 창조된 것에 불과하며 단순한 물질이고 그 외에 다른 어떤 것도 아니다.

이제까지의 논의에서 분명히 보았듯이, 물은 고대 근동의 우주 창조설에서 중요한 역할을 한다. 예를 들어 고대 이집트의 멤피스

---

37   Collins는 *Genesis 1-4*, 82-83에서 이 사례의 논쟁적 시각을 무시한다. 그는 이름 없이 이러한 명칭들을 사용한 것은 단지 "내러티브의 수사학적 문제"에 기인한 것이라고 믿는다.

38   Currid, *Ancient Egypt and the Old Testament*, 56-61을 보라.

39   Hasel, "Polemic Nature," 89.

40   Gerhard von Rad, *Genesis* (Philadelphia: Westminster, 1961), 53.

　　　　　　　　　　고대 근동 신들과의 논쟁

신학에서 창조주-신인 프타(Ptah)는 (눈[Nun] 신으로 의인화되는) 선재하던 원시의 물로부터 우주를 창조하는 것으로 묘사된다. 이 물은 창조의 물질이며 재료다. 또한 메소포타미아의 「에누마 엘리쉬」도 모든 사물의 기원이 되는 영원한 물이라는 개념을 갖고 있다. 이러한 물은 혼돈의 물체로 그려지며, 질서의 신들이 극복하고 물리쳐야만 하는 대상이었다. 그러므로 창조는 물의 원시 신들과 신들의 왕인 마르두크가 이끄는 질서의 신들 사이의 우주적 전쟁의 결과다.

창세기 1장은 어둡고 신화적인 다신론과 완전히 대비된다. 성경 기사는 모든 실재의 유일한 하나님, 곧 한 분인 창조주 하나님에게 영광 돌리는 것을 그 주된 목적으로 한다. 창조에서 물은 분명히 신이 아니며(1:2), 물리쳐야만 하는 하나님의 적도 아니다. 그것은 창조주의 손 안에 있는 재료에 불과하다. 창조를 이루기 위해서 야웨와 혼돈의 신들 사이에 전쟁은 없다. 야웨는 주권자이며, 창조의 모든 요소를 마음대로 움직일 수 있는 분이다. 다시 한번 말하지만, 창세기 1-2장은 일신론을 철저하고 열렬하게 지지한다. 이 문헌은 다른 신들이 끼어드는 것을 허용하지 않을 뿐 아니라, 명백한 논쟁으로 그것들에 대항한다.

제4장

창세기 6-9장의 노아 홍수 이야기와
고대 근동의 홍수 기사

신화적인 대홍수 이야기는 고대 근동의 여러 문화에서 발견된다. 홍수 모티브는 잘 알려져 있었으므로 몇몇 이야기에서 그것은 학교 교과서 및 필사자들을 위한 하나의 패러다임이었다(우가리트에 대한 다음 논의를 보라). 또한 이 모티브의 다양한 판은 특정한 시대에 제한되어 있지 않으며, 기원전 3천 년부터 천 년까지 레반트의 역사 내내 발견된다. 가장 최초로 성문화된 자료는 기원전 3천 년대 후반의 수메르 문헌이며, 그 문헌들은 토판에 새겨져 있다. 대홍수를 언급한 문헌 중 가장 오래된 것은 아마도 수메르 왕명록일 것이다.[1] 이 문서는 고대 수메르 왕들의 목록이다. 전부 수메르어로 기록된 이것의 필사본이 적어도 16개가 발견된 것으로 보아, 이것은 옛날부터 잘 알려진 문헌이었을 것이다. 그 문헌은 기원전 22세기, 우룩의 우투-헤갈(Utu-hegal of Uruk)의 재위 동안에 저술된 것으로 보인다.

---

[1]    Thorkild Jacobsen, *The Sumerian King List* (Chicago: University of Chicago Press, 1939); James B. Pritchard, ed., *Ancient Near Eastern Texts Relating to the Old Testament*, 2nd ed. (Princeton, NJ: Princeton University Press, 1955), 265-266.

  고대 근동 신들과의 논쟁

수메르 왕명록에서 홍수는 수천 년 동안 지배했던 가장 초기의 왕들과 나중에 수백 년 동안 지배했던 다른 군주들을 연대기적으로 구분해주는 역할을 한다. 홍수 이전의 시대에는 241,000년 동안 수메르의 주요 도시들을 다스렸던 여덟 명의 왕이 포함되어 있다. 그 문서는 다음과 같이 말한다.

> (그런 다음) 홍수가 (땅을) 휩쓸었다.
>
> 홍수가 (땅을) 휩쓸고 난 후에 (그리고)
>
> 왕권이 하늘로부터 (다시) 내려왔을 때,
>
> 왕권은 (먼저) 키쉬(Kish)에게 있었다.[2]

목록의 다음 부분에는 총 24,510년 동안 재위했던 23명의 왕이 수록되어 있으며, 그 기간은 홍수 이전 군주들의 재위 기간의 10퍼센트에 불과하다. 여담이지만, 이런 차이는 성경의 홍수 기사를 연상시킨다. 성경에서도 홍수 이전의 사람들은 700년 이상을 살았지만(창 5장), 홍수 이후 수명은 크게 감소했다(창 11장).

이 지점에서 나는 고대 근동에서 발견되었던 주요 홍수 기사들을 개괄적으로 살펴보려고 한다. 이 기사들을 설명한 후 이 이야기들과 창세기 6-9장의 홍수 기사를 비교 연구할 것이다. 마지막으로, 우리는 여러 기사들 사이의 관계에 대해 생각해 볼 것이다.

---

2    Pritchard, *Ancient Near Eastern Texts*, 265에서 인용됨.

## 수메르의 홍수 이야기

현존하는 성문화된 홍수 기사 중 가장 오래된 것은 수메르의 홍수 이야기이며, 그것은 기원전 2천 년대 초반에 토판에 기록되었다.[3] 그것은 기원전 17세기의 고바빌로니아 시대에 속한다. 그러나 많은 학자는 이 문헌이 오래 동안 존재해 왔고 잘 알려진 이야기의 단순한 복사본일 것이므로, 이야기 자체의 기원은 아마도 기원전 3천 년대 후반으로 거슬러 올라갈 것이라고 주장한다. 그 토판은 1890년대 초반에 니푸르(Nippur) 시에서 발굴되었으며, 35,000개 정도의 설형문자 토판을 포함했던 거대한 은닉물의 일부분이었다. 이 문헌은 단편들이며, 그 토판의 약 3분의 2는 소실되었다. 남아 있는 것은 토판 앞면의 밑부분 3분의 1과 뒷면의 윗부분 3분의 1이다.

그 문헌은 어떻게 신들이 "머리가 검은 존재(사람)를 만들었는지" 혹은 창조했는지를 묘사하는 내용으로 시작한다. 머리가 검은 존재는 종종 수메르인들 자신을 가리키기는 하지만, 이 문맥에서는 모든 인류를 가리킬 수 있다. 또한 신들은 동물의 왕국이 생겨나게 했으며, 식물군은 땅 위에 퍼져나갔거나 "무성하게 되었다." 그런 다음 신들은 인간을 왕으로 세웠으며, 특정한 신들의 수호를 받는 도시들을 건설했다. 홍수의 영웅인 지우수드라(Ziusudra)라는 이름의 특정한 한 인간 왕은 홍수가 땅을 휩쓸 것이며 "인류의 씨를 멸망시

---

3　이 문헌의 번역은 Pritchard, *Ancient Near Eastern Texts*, 42-44에서 Samuel N. Kramer의 번역을 보라. 그 문헌은 Arno Poebel, "Historical Texts," *The University Museum, Publications of the Babylonian Section* 4/1 (1914): 9-70에 의해서 처음 출간되고 번역되었다.

　고대 근동 신들과의 논쟁

킬” 것이라는 말을 신에게서 듣는다. 그것은 신들이 회합을 열어 내린 결정이었으며, 그 목적은 인류의 왕권을 종식시키는 데 있었다. 문헌에서 상당한 공백이 있은 후에, 홍수가 땅을 휩쓸고 7일 밤낮으로 지속되었다고 기록되어 있다. 지우수드라는 단단하게 봉합이 된 “거대한 배” 안에서 동물들과 함께 폭풍을 견뎌낸다. 홍수가 잦아들고 난 후, 왕이 배의 창문을 연다. 햇빛이 들어와 폭풍이 끝났음을 보여준다. 그러자 홍수의 영웅은 배에서 나와 소와 양을 희생제물로 잡고 신들에게 경배를 드린다. 마지막으로, 신들은 지우수드라에게 “신의 생명”과 같은 영원한 생명을 부여하며, 그는 해가 떠오르는 곳인 딜문(Dilmun)에 정착한다.

## 빌가메스(Bilgames)의 죽음

또한 고대 바빌로니아 시대에 기록되었고 홍수를 언급하는 또 다른 수메르 문헌이 있다. 그 문헌은 “빌가메스의 죽음” 혹은 “누워 있는 거대한 야생 황소”라고 불린다. 그것은 니푸르(Nippur)에서 단편으로만 발견된 문헌을 번역한 것으로서 1944년에 사무엘 노아 크래머(Samuel Noah Kramer)에 의해 처음 출간되었다.[4] 텔 하다드(Tell Haddad, 고대 메투란[Metruan])에서 진행된 최근의 발굴을 통해 빌가메스의 죽음 내러티브의 추가 부분이 빛을 보게 되었다.[5] 내가 이해

---

4　Samuel N. Kramer, “The Death of Gilgamesh,” *Bulletin of the American Schools of Oriental Research* 94 (1944): 2-12.

5　Antoine Cavigneaux and Farouk Al-Rawi, “New Sumerian Literary Texts from Tell Haddad (Ancient Meturan),” *Iraq* 55 (1993): 91-105.

하는 바로는, 그 내러티브가 죽음을 앞두고 병상에 누워 있는 빌가메스로 시작하며, 그는 꿈에서 죽을 것이라는 말을 듣는다. 그리고 그 꿈은 반복된다. 나는 이 반복되는 부분이 꿈이 실현되는 부분이라는 니엑 벨두이스(Niek Veldhuis)의 주장에 동의한다.[6] 빌가메스의 아들인 울루갈(Urlugal)은 그의 아버지를 위해 무덤을 만든다. 문헌 말미에 빌가메스는 평화롭게 지하 세계로 들어간다.

꿈꾸는 장면에서 내러티브는 삼나무 숲에서 대적 후와와(Huwa-wa)를 정복하는 빌가메스와, "그의 거처에 있는" 홍수의 영웅 지우수드라를 찾아 떠나는 그의 여정을 묘사한다. 지우수드라의 거처에서 빌가메스는 대홍수에 대해 알게 되며 다음과 같은 말을 듣는다.

> [⋯]이방의 온 땅뿐만 아니라 사람이 거주하는 지역을
> [파괴했던] 홍수[⋯]

빌가메스는 홍수의 원인이 신들이었음을 알게 된다.

> 그리하여 우리는 인류의 씨를 파멸시킬 수 있었다(우리는 말했다): "우리 중에서 너는 생존해 있는 유일한 사람이며, 지우수드라는 살아있는 인류의 이름이다." 그날부터 나는(=엔키[Enki]) 하늘과 땅의 생명을 걸고 맹세했으며, 그날부터 나는 인류가 영생하지 못할 것이라고 맹세했다(72-77행).[7]

---

6   Niek Veldhuis, "The Solution of the Dream: A New Interpretation of Bilgames' Death," *Journal of Cuneiform Studies* 53 (2001): 133-148.
7   Veldhuis, "Solution of the Dream," 141-142의 번역.

   고대 근동 신들과의 논쟁

## 아트라하시스(Atrahasis)의 서사시

고바빌로니아 시대(약 기원전 20-17세기)의 또 다른 문헌은 영웅 아트라하시스에 대한 이야기를 들려주며, 홍수 이야기를 담고 있다.[8] 이 문헌은 여러 판으로 알려져 있다. 가장 완벽한 판 중 하나는 바빌로니아의 암미사두카(Ammisaduqa) 왕 재위 시대의 것이다(약 기원전 1646-1626년). 이것은 세 개의 서판으로 이루어져 있다. 첫 번째 서판은 창조와 인류 초기의 역사를 묘사한다. 신들은 그들의 짐을 덜기 위해 인류를 창조했다. 그 이유는 다음과 같이 기록되어 있다.

> 신들의 짐은 너무 컸으며,
>
> 일은 너무 어렵고, 고난은 너무 많았다.
>
> 신들은 티그리스 강을 팠고,
>
> 그런 다음 유프라테스 강을 팠다.…
>
> 3,600년 동안 그들은 과도한 짐과
>
> 노역을 밤낮으로 견뎠으며,
>
> 신음하며 서로를 비난했다.[9]

---

8　W. G. Lambert and A. R. Millar, *Atrahasis: The Babylonian Story of the Flood* (Winona Lake, IN: Eisenbrauns, 1999); Q. Laessoe, "The Atrahasis Epic, A Babylonian History of Mankind," *Bibliotheca Orientalis* 13 (1956): 90-102; Jeffrey H. Tigay, *The Evolution of the Gilgamesh Epic* (Philadelphia: University of Pennsylvania Press, 1982)을 보라.

9　Stephanie Dalley, *Myths from Mesopotamia* (Oxford: Oxford University Press, 1997)의 번역.

인류를 창조하면서, 신들은 인간을 불멸의 존재로 만드는 실수를 저질렀다. 시간이 지남에 따라 인간은 신전의 우두머리인 엔릴(Enlil) 신의 잠을 방해할 정도까지 그 수가 늘어난다.

> 그리고 땅은 울부짖는 황소처럼 시끄러웠다.
> 신은 인간들이 떠드는 소리에 휴식을 취하지 못하게 되었다.
> 그는 위대한 신들에게 말했다.
> "인간의 소음이 너무 커졌고
> 나는 그들이 떠드는 소리에 잠을 못 이루고 있다.
> 역병이 돌도록 명령을 내려라."

첫 번째 서판은 신적 인물인 아트라하시스를 소개하며 끝이 난다. 그의 "귀는 그의 신 엔키(Enki)에게 열려 있었다. 그는 그의 신과 이야기했으며 신은 그와 이야기했다."

두 번째 서판에서 엔릴은 역병으로 인류를 멸망시키기로 결심한다. 그러나 역병의 신은 제물을 받자 마음이 누그러져 역병을 끝낸다. 그런 다음 엔릴은 기근이 일어나게 하여 인류의 성장을 억제하려고 시도하지만 그것 역시 실패한다. 마지막으로 신은 모든 사람을 멸망시키라고 홍수에게 명령한다.

세 번째 서판에는 홍수가 묘사된다. 그 기사의 영웅인 아트라하시스는 엔키 신으로부터 재앙이 임박했다는 경고를 듣는다. 그는 배를 짓고 그 배에 가족과 동물들을 태우라는 명령을 받는다.

하늘에 나는 새,

가축과 가축 신의…,

대초원의 피조물들을

…그는 배에 태웠다.[10]


폭풍은 7일 밤낮 동안 몰아쳤다. 홍수가 잦아든 후에 아트라하시스는 배에서 나와 신들에게 제사를 지낸다. 신들은 희생제물이 없었기 때문에 굶주림으로 고통받고 있었다. 그래서 그들은 "제물 위에 파리 떼처럼 몰려들었다." 엔릴은 남은 인간들을 살려주라는 엔키의 종용을 받으며, 아트라하시스에게 그와 그의 아내만이 영생을 받을 것이라고 말한다. 그때부터 인류의 수명은 제한될 것이었다. 그러나 두 번 다시 그런 "홍수는 없을 것이며, 인류는 영원토록 지속될 것이다."


## 「길가메시 서사시」(*The Epic of Gilgamesh*)

「아트라하시스」의 홍수 기사 자료 중 다수가 나중에 「길가메시 서사시」라고 불리는 바빌로니아의 내러티브 안으로 흡수된다. 「길가메시 서사시」에 대해 우리가 아는 내용 대부분은 니느웨에서 발견되었고 아슈르바니팔(Ashurbanipal)이 재위할 때(기원전 7세기 중반)로 거슬러 올라가는 12개의 서판에서 얻은 것이다.[11] 이 신화의 서판 XI

---

10　Benjamin R. Foster, *Before the Muses: An Anthology of Akkadian Literature*, 3rd ed. (Bethesda: CDL Press, 2005): 227-280에 의한 번역.

11　이 문헌의 번역과 해석은 Alexander Heidel, *The Gilgamesh Epic and Old*

은 대홍수 이야기의 확장된 형태를 담고 있다. 거기서 홍수의 영웅인 우트나피쉬팀(Utnapishtim)은 그 사건을 길가메시에게 들려준다. 그는 에아(Ea) 신이 다가오는 재앙에 대해 경고해 주었으며 그가 생존을 위해 모든 소유를 포기하고 배를 지어야 했던 일을 말해준다. 배는 높이와 넓이가 모두 120큐비트인 정사각형 모양으로 지어져야 했다. 우트나피쉬팀은 배를 6층으로 만들었으며 각 층은 9개의 방으로 나뉘었다. 그런 다음 그는 배를 채웠다.

나는 모든 가족과 친척이 배에 올라타도록 한 후에, 들판의 사냥감, 들판의 짐승, (그리고) 모든 장인이 (배 안으로) 들어오게 했다.[12]

그런 다음 폭풍이 6일 밤낮 몰아친다. 7일째 되는 날, 홍수가 잦아들고 배는 니시르산(Mount Nisir) 꼭대기에 정박한다. 7일 후에 우트나피쉬팀은 비둘기를 보내어 땅을 찾게 하지만, 비둘기는 앉을 곳을 발견하지 못하고 배로 돌아온다. 그다음에 제비를 보내지만 그것 역시 돌아온다. 마지막으로 그는 까마귀를 풀어주는데 까마귀는 돌아오지 않았으며, 그것은 땅이 드러났음을 말해주었다. 사람들과 함께 배에서 내린 우트나피쉬팀은 신들에게 제사를 지낸다. 그러자 엔릴은 우트나피쉬팀과 그의 아내에게 자비를 베풀며, 그들은 불멸의 존

---

*Testament Parallels*, 2nd ed. (Chicago: University of Chicago Press, 1949)를 보라. 또한 John Gardner and John Maier, *Gilgamesh* (New York: Vintage, 1985)를 보라.

12  Heidel, *Gilgamesh Epic*, 84.

   고대 근동 신들과의 논쟁

재, 즉 "우리, 신들과 같은" 존재가 된다.

## 우가리트의 「아트라하시스」

지중해 해안에 위치한 고대 우가리트 유적지에서 수많은 고문서가 발견되었다. 그것들은 "그 도시에 많은 필사자 학교가 활발하게 운영되었음을 말해준다. 이 점에서 주목할 만한 보관소로는 궁전의 동쪽 주거 지역과 도시 남쪽 지역에 있는 고문서 보관소가 있다. 그곳에서는 적어도 470개의 문서가 발견되었으며, 그중에는 알파벳, 어휘 목록, 문법 목록, 신의 목록 등 200개의 학교 교과서가 포함된다."[13] 이 고전 문서 중 다수는 서판 창고에서 발견되었다. 이 건물의 북쪽에서 고고학자들은 「아트라하시스」 홍수 이야기 한 판의 단편을 발굴했으며, 그것은 기원전 15-14세기의 것으로 추정된다.[14] 또한 그것은 한 학교의 교과서로 보인다. 그 문헌은 심하게 손상되었지만 내러티브의 전반적인 윤곽은 파악할 수 있다. 그것은 홍수를 일으키려고 신들이 함께 회의하는 모습을 묘사하며 시작한다. 그런 다음에 아트라하시스는 일인칭으로 홍수 이야기를 전달한다(본문은 이 지점에서 심하게 훼손되어 있다). 이야기는 아트라하시스와 그의 아내가 신들의 손에서 영생을 받는 것으로 끝난다.

---

13  William M. Schniedewind and Joel H. Hunt, *A Primer on Ugaritic: Language, Culture, and Literature* (Cambridge: Cambridge University Press, 2007), 9.

14  Jean Nougayrol, *Le Palais Royal d'Ugarit IV: Textes Accadiens des Archives Sud, Mission de Ras Shamra, XI*, ed. Claude Schaeffer (Paris: Imprimerie Nationale, 1956); 같은 저자, *Textes Sumero-Accadiens des Archives et Bibliotheques Privees d'Ugarit* (Paris: P. Geuthner, 1968).

## 베로소스(Berossos)

대홍수 이야기의 후대 판은 바빌로니아의 신 벨(Bel)의 제사장인 베로소스에 의해 그리스어로 저술되었다. 그것은 헬레니즘 시대인 기원전 278년에 출간된 그의 바빌로니아 역사서에 포함된 하나의 이야기였다. 그 작품이 지금은 소실되었지만, 홍수 기사 부분은 후대의 그리스인 저자 에우세비오스(Eusebius)와 폴리히스토르(Polyhistor, 그의 기사가 가장 완전하다), 비잔틴의 수도승 신첼루스(Syncellus)에 의해 보존되었다.[15] 이 판의 홍수 이야기에 따르면, 크로노스(Kronos) 신이 키수트로스(Xisuthrus=지우수드라[Ziusudra])에게 환상 중에 나타나 인류를 멸망시킬 홍수가 임박했다고 경고한다. 크로노스는 그에게 배를 짓고 그의 가족과 친구 그리고 새와 네발 가진 짐승들을 포함한 동물들을 배에 태우라고 말한다. 홍수가 잦아든 후에, 키수트로스는 새들을 내보내지만 새들은 앉을 곳을 찾지 못하고 돌아온다. 그는 며칠 후에 두 번째로 새들을 내보내며, 새들은 발에 진흙을 묻히고 돌아온다. 그가 세 번째로 동일한 시도를 했을 때 새들은 돌아오지 않는다. 배는 산허리에 정박하고, 배에 탔던 인간과 동물들은 모두 배에서 내린다. 키수트로스는 신들에게 제물을 바치고 아내와 딸과 함께 떠나 신들과 함께 거주한다.

---

15  Gerald P. Verbrugghe and John M. Wickersham, *Berossos and Manetho: Introduced and Translated* (Ann Arbor: University of Michigan Press, 1997).

  고대 근동 신들과의 논쟁

## 병행

1872년에 조지 스미스(George Smith)는 니푸르에서 발굴되어 대영박물관에 보관되어 있는 아슈르바니팔(Ashurbanipal) 시대의 서판들 중에서 아시리아의 홍수 기사를 발견했다고 발표했다. 그는 다음과 같이 말했다.

> 손상된 이 문서들을 발견하고 나서, 나는 수천 개의 더 작은 조각으로 구성된 서판 파편들을 전부 뒤졌다. 그리고 마침내 이 전설들을 담은 80개의 파편을 복구해냈다. 그에 힘입어 나는 홍수에 대한 묘사 대부분과 다른 전설의 상당히 많은 부분을 복원할 수 있었다. 한 이야기 혹은 한 부류의 전설을 기록하는 이 서판들은 원래 그 숫자가 적어도 12개는 되었으며, 홍수 기사는 그중에서 11번째 서판에 기록되어 있다.[16]

이것은 「길가메시 서사시」를 최초로 발견한 것이며, 창세기 6-9장에 있는 성경의 홍수 기사와 명백하게 병행을 이루기 때문에 당대의 학자들 사이에 엄청난 파장을 일으켰다. 스미스가 결론내린 것처럼, "증거를 살펴보면 성경에 서술된 홍수 사건과 서판에 새겨진 홍수 사건은 동일한 사건이며, 같은 순서로 일어난 것이 분명하다."[17]

---

16 George Smith, "The Chaldean Account of the Deluge," *Transactions of the Society of Biblical Archaeology* 2 (1873): 213-234. 1840-1876년을 살았던 이 학자는 관련된 연구분야에서 종사했던 George Adam Smith(1856-1942)와 구분될 필요가 있다.

17 Ibid., 232.

「길가메시 서사시」는 (앞서 살펴본 다른 홍수 기사들과 함께) 어떤 면에서는 성경 내러티브와 거의 같다. 이 명백한 병행들은 다음의 표에 제시되어 있다.

| 서사시-서판 XI | 창세기 |
| --- | --- |
| 재앙에 대한 신의 경고(20-26행) | 재앙에 대한 신의 경고(6:12-13) |
| 배를 지으라는 명령(24-31행) | 방주를 지으라는 명령(6:14-16) |
| 영웅은 배를 건설한다(54-76행) | 노아는 방주를 짓는다(6:22) |
| 우트나피쉬팀은 그의 친척과 동물들과 함께 방주에 올라탄다(80-85행) | 노아는 가족과 동물들과 함께 방주에 올라탄다(7:1-5) |
| 신들은 억수같은 비를 보낸다 (90-128행) | 야웨는 억수같은 비를 보낸다 (6:17; 7:11-12) |
| 홍수는 인류를 멸망시킨다(133행) | 홍수는 인류를 멸망시킨다(7:21-22) |
| 홍수가 잦아든다(129-132행) | 홍수가 줄어든다(8:1-3) |
| 배는 니시르 산에 정박한다(140-144행) | 방주는 아라랏 산에 정박한다(8:4) |
| 우트나피쉬팀은 새들을 보낸다 (146-154행) | 노아는 새들을 보낸다(8:6-12) |
| 신들에게 바치는 희생제물(155-161행) | 야웨께 드리는 희생 제물(8:20-22) |
| 신들은 영웅을 축복한다(194행) | 야웨가 노아를 축복한다(9:1) |

많은 세부사항이 병행을 이룰 뿐만 아니라, 이야기의 구조와 흐름역시 동일하다. 그런 압도적인 유사성은 단순히 우연이나 동시적인창작의 결과로 설명될 수 없다. 여기서도 우리는 앞 장에서 창조 이야기에 대해 제기된 질문과 유사한 질문을 하게 된다. 즉 성경의 홍수 기사와 고대 근동의 다른 이야기들 사이의 많은 유사성을 어떻게설명해야 하는가? 분명히 둘 사이에는 관계가 있다. 그러나 문제는

그 연관성의 성질을 규명하는 것이다.

## 이집트의 홍수 기사

고대 근동의 홍수 이야기 연구에서 이집트 문헌은 거의 주목을 받지 못했다. 대부분의 학자는 메소포타미아와 그 홍수 기록들에 관해서는 잘 알고 있다. 그러나 고대 이집트의 문헌에 홍수 기사가 없는 것은 아니다. 에두아르 나빌(Edouard Naville)은 그의 잘 알려지지 않은 저서에서, 고대 이집트의 「사자의 서」(*Book of the Dead*)에서 가져온 홍수 기사를 보고하고 분석한다.[18] 그 이야기는 아툼(Atum) 신의 신화다. 아툼 신은 "지구를 물로 덮어 지구 표면에 있는 것을 파괴하여, 그것을 모든 것이 기원했던 원시의 물이며 거대한 대양인 누(Nu)로 다시 만들어버리기로" 결정한다.[19] 나빌은 아툼의 말을 다음과 같이 번역한다.

그리고 이제 나는 내가 만들었던 모든 것을 지워버리려고 한다. 이 지구는 홍수를 통해 태초에 있었던 대로 (대양의) 물이 될 것이다. 남아 있는 자는 나일 것이다.[20]

지구 전체는 태초에 있었던 대로 물로 돌아갈 것이다. 홍수의 원인

---

18  Edouard Naville, "A Mention of a Flood in the Book of the Dead," *Proceedings of the Society of Biblical Archaeology* 26 (1904): 251-257, 287-294.

19  Ibid., 289

20  Ibid., 289.

은 나일 강 하나만의 범람이 될 것이다. 히브리 전승에서는 물이 두 곳에서부터 온다고 한다. 즉 물은 하늘에서부터 내리는 비로 올 것이며, 또한 "큰 깊음의 (모든) 샘"에서 나오는 범람하는 물(창 7:11)로 올 것이다.

이집트의 홍수 이야기와 성경의 홍수 이야기 사이에는 병행이 있다. 이집트의 문헌 곳곳이 심하게 훼손되어 있지만, 홍수 사건은 다음과 같이 재구성될 수 있다.

| 이집트 문헌 | 성경 내러티브 |
|---|---|
| 1. "누트(Nut)의 아들들"은 죄를 저지르고, 살인을 하며, 아툼 신의 권위를 침해하려고 한다. | 1. 인류의 사악함이 크다. "그의 마음으로 생각하는 모든 계획이 항상 악할 뿐임" (창 6:5). |
| 2. 아툼은 반역을 종식시키기로 결심한다. | 2. 야웨는 지면에서 사람을 쓸어버리시기로 결심한다(창 6:6-7). |
| 3. 홍수를 통해 지구상의 모든 것이 멸망함 | 3. 홍수를 통해 지구상의 모든 것이 멸망함 (창 6:17). |
| 4. 나일 강이 범람함으로써 홍수가 온다. | 4. 비가 오고 물이 넘침으로 홍수가 온다 (창 7:11). |
| 5. 홍수는 우주적이다. | 5. 홍수는 우주적이다(창 7:4) |
| 6. 신들을 홍수로부터 구조하는 "수백만 사람들의 배" | 6. 노아와 그의 가족을 홍수로부터 구조하는 방주(창7:1) |

이 관계를 분석함에 있어서, 우리는 두 기사 사이에 많은 유사성들이 있지만 주요한 차이점들도 있음을 깨닫고 인정해야 한다. 그리고 존재하는 차이점들은 본문의 세부사항들만이 아니다. 그것들은 세

계관, 신학, 신앙과 같은 더 깊은 차원의 차이점들이다. 달리 말해서 차이점들은 심대하다.

1. **신학**: 창조 이야기와 관련해 앞장에서 지적했던 것처럼, 고대 근동의 홍수 이야기들은 히브리 내러티브만을 제외하고 모두가 다신론이다. 게다가 이 많은 신들은 종종 인간적으로 행동한다. 인간과 같은 욕망과 약점, 욕구를 갖고 행동한다. 예를 들어 「길가메시 서사시」에서 신들은 홍수의 정도와 목적에 관해 서로 다툰다(서판 XI: 162-188). 그들은 서로를 비난하고 공격한다. 어떤 이야기들은 홍수를 인간들이 신들의 잠을 방해한 결과로 묘사한다(「아트라하시스」). 인간은 신들의 노역을 덜기 위해 신들이 창조했다. 어떤 신도 전능하거나, 편만하거나, 전지한 존재로 묘사되지 않는다. 그러므로 이 신들이 할 수 있는 일은 극히 제한되어 있으며 그들의 기질은 종종 인류의 기질을 반영한다.

   이와 대조적으로, 창세기 기사는 단 하나의 신만을 등장시킨다. 그 신은 홍수를 초래하고, 인류를 멸망시키고, 노아를 구원하기로 결심한 유일하신 하나님이다. 하나님은 처음부터 끝까지 사건 전체를 완전히 주권적으로 통제하신다. 하나님은 그 사건이 일어나는 내내 다른 신과 씨름하지 않으며, 이교의 신들이 하는 것처럼 홍수 앞에서 위축되지 않는다(다음의 논의를 보라).

2. **윤리**: 이교의 홍수 신화들을 읽어보면, 특히 성경 기사와 비교

할 때, 그것들의 윤리의 부재가 두드러진다. 신들은 속이 좁고 자기밖에 모른다. 그들의 성품은 종종 비뚤어지고 왜곡됐으며 인류의 타락한 생활상을 반영한다. 그래서 우리가 이미 보았던 것처럼 홍수의 원인은 인류가 신들의 잠을 지속적으로 방해한 데 있다. 이와 대조적으로 성경의 내러티브는 홍수의 원인이 인류의 뻔뻔스러운 죄악 때문에 인류 자신에게서 비롯되었다고 말한다. "여호와께서 사람의 죄악이 세상에 가득함과 그의 마음으로 생각하는 모든 계획이 항상 악할 뿐임을 보시고…내가 지면에서 사람을 쓸어버리리라고 말씀하셨다"(창 6:5, 7a). 그러나 노아는 "여호와께 은혜를 입었기" 때문에(창 6:8), 야웨에게 선택되어 생존을 위해 방주를 짓게 된다. 노아는 그의 의로움과 하나님의 은혜로 구원을 받았다. 아트라하시스와 다른 이교의 홍수 영웅들은 그들의 용맹과 인간적인 지혜 때문에 스스로를 구원했다.

3. **언약**: 브루스 월키(Bruce Waltke)는 "두 기사 사이에 가장 큰 차이는 성경이 언약이라는 개념을 이야기에 투입한 것"이라고 결론을 내린다.[21] 언약은 "주권적으로 체결된 피의 맹약"으로 적절하게 정의할 수 있을 것이다.[22] 달리 말하자면, 언약은 하나님과 사람 사이에 맺어진 구속력 있는 계약이고 관계이며,

---

[21] Bruce K. Waltke, *An Old Testament Theology* (Grand Rapids, MI: Zondervan, 2007), 291.

[22] O. Palmer Robertson, *The Christ of the Covenants* (Grand Rapids, MI: Baker, 1980), 4.

   

하나님이 시작하고 체결하신 것이다. 언약은 하나님과 그의 백성과의 인격적인 관계와 그의 백성에 대한 하나님의 신실하심을 강조한다(창 9:8-17).

4. **장르**: 창세기 6-9장은 역사적 내러티브로 기록된다. 성경의 홍수 기사는 그 장르의 모든 특징을 갖고 있다. 성경 히브리어에서 가장 중요한 문법적 특징은 "와우 연속법 및 미완료"라는 도구다. 이 도구는 종종 "그리고…였다"라고 단순하게 번역되는데, 히브리 저자가 역사적 순서로 사건을 제시하는 방법이다. 이것은 히브리 내러티브 내내 흔하게 나타나지만, 시가와 같은 장르에서는 거의 나타나지 않는다. 창세기 6:5-22에서 그 도구는 적어도 12번 나타난다. 또한 히브리 내러티브에서 저자들은 직접 목적어가 온다는 것을 표시해주는 역할을 가진 단어를 자주 사용한다. 그것은 "에트"(히브리어 את)라는 단어다. 그 단어는 시가서에서는 거의 나오지 않지만, 역사적 산문에서는 명확하고 독특한 특징이다. 직접 목적어가 온다는 이 표시는 창세기 6:5-22에서 적어도 15회 나타난다.

앞장에서 언급했던 대로, 고대 근동의 우주 창조설 문헌에서 사용된 저술 유형은 "신화적 내러티브"로 가장 잘 묘사된다. 그것들은 신들의 삶의 관점에서 우주의 작동을 설명하려고 시도하는 전설적인 이야기들이다. 신들은 우주의 작동에 중요한 인물들이다. 신들은 창조의 요소들 안에서 의인화된다. 예를 들어 바알의 신화라는 가나안의 우주 창조설 문헌 하나는 신들의 활동에 기초한 가나안의 세계관과 생활관을 생생하게 묘사해준다.

그 내러티브는 (비, 식물, 다산의 신인) 바알과 그의 배우자인 (사랑, 다산, 전쟁의 여신인) 아나트(Anath)가 궁전을 건설하는 이야기를 서술하며, 또한 (죽음과 여름 기근의 신인) 모트(Mot)가 어떻게 바알을 죽이고 그를 지하 세계로 데리고 갔는가를 말한다. 아나트는 모트를 죽임으로써 보복하며, 그 후 바알은 부활하여 그의 궁전을 다시 차지한다.

> 그녀(아나트)는 엘(El)의 아들인 모트(Mot)를 잡았다.
>
> 그녀는 칼로 그를 자르고
>
> 키를 가지고 그를 까불렀으며
>
> 불로 그를 태웠다.
>
> 들판에서 그녀는 그를 구했다.…
>
> 바알은 그의 왕좌와
>
> 그가 지배하는 자리인 산당으로 돌아왔다.[23]

바알의 신화는 신들의 행동을 묘사하는 내러티브이며, 계절의 순환을 설명해준다. 기근의 신이 풍요의 신인 바알을 정복했기 때문에 기근은 매해 여름 가나안의 농작물을 마르게 했다. 그러나 아나트가 모트를 죽이고 비의 신인 바알이 다시 권력

---

23 Michael D. Coogan, *Stories from Ancient Canaan* (Philadelphia: Westminster, 1978), 112에서 인용됨.

을 회복했기 때문에 비가 내리는 계절이 가을마다 찾아왔다. 이 전설은 매해 계절이 순환되는 **이유**를 가나안인들에게 제공해준다. 즉 그것은 신들의 삶과 움직임이다.

5. **세부사항**: 기사들 사이에는 이름, 숫자, 장소 등 세부사항에서도 명백한 차이점이 많다. 예를 들어 홍수의 지속 기간은 여러 이야기에서 다르게 언급된다. 가장 최초의 수메르 기사와 「아트라하시스」에서는 홍수가 7일 밤낮 지속되었다고 한다. 길가메시 기사는 6일 동안의 홍수를 말하고 있는 것으로 보인다. 이 이야기들은 어느 것도 땅이 마르는 기간에 대해서 보고하지 않는다. 이와 대조적으로, 노아 이야기는 홍수와 그 이후의 사건들의 연대기에 있어서 매우 상세하다(창 7:8, 10-12, 17, 24; 8:3-5, 13).

그런 차이점의 또 다른 예는 나훔 사르나(Nahum Sarna)에 의해 지적되었다. 그는 "아마도 토라 기사의 모든 독특한 양상 중 가장 중요한 것은, 다른 기사들에서는 배를 지은 사람과 선원들과 친척들과 친구들이 영웅 및 그의 가족과 함께 배에 탔지만, 창세기에서는 노아와 그의 아내, 그의 세 아들들과 그들의 아내들만이 방주에 들어갔다는 점이다. 이것은 인간의 핵가족 개념이 창세기에서만 가능함을 의미한다. 사실 이것은 주요한 주제다"[24]라고 말한다.

---

24 Nahum M. Sarna, *Genesis*, JPS Torah Commentary (Philadelphia: Jewish Publication Society, 1989), 49.

성경의 홍수 기사와 고대 근동의 다른 출처에서 온 이야기들 사이에 이러한 현저한 차이점들이 있음에도 불구하고, 우리는 여전히 그 기사들 사이의 유사성을 어떻게 설명해야 하는가라는 질문에 대답해야 한다. 둘 사이에는 분명히 관계가 있다. 그러나 그것을 어떻게 설명할 것인가? 대다수 비평학자들은 창세기의 홍수 기사와 고대 근동 지역의 다른 홍수 기사들 사이의 유사성을 강조한다. 그들이 평가하기에, 성경의 이야기는 근본적으로 이교의 신화적인 내러티브들과 다르지 않다. 드라이버(Driver)가 말한 것처럼, "성경 내러티브의 진정한 기원이 바빌로니아의 홍수 이야기라는 것에는 의심의 여지가 없다."[25] 이 관점에 따르면, 이스라엘의 저자들은 잘 알려진 바빌로니아의 전설들을 가져온 다음 "[그것을] 히브리인들의 유일신 사상에 맞게 고쳤다."[26] 앞서 창조 이야기와 관련하여 지적했던 대로, 둘의 관계를 그렇게 이해하는 것은 성경 연구에서 거의 신성 불가침이 되었다.

그러나 좀 더 살펴보면 모든 학자가 초기의 관습적인 이해를 받아들이지는 않았다. 게르하르트 폰 라트(Gerhard von Rad)는 1960년대에 저술하며 다른 접근 방법을 취했다. 그는 "두 이야기들 사이에 실질적인 관계는 물론 존재한다. 그러나 성경 전승이 바빌로니아 전승에 직접 의존했다고 더 이상 가정할 수 없다. 두 이야기는 그것들보다 더 오래된 전승을 각각 독립적으로 개작한 것이다"[27]라고 말

---

25  S. R. Driver, *The Book of Genesis*, 6th ed. (London: Methuen, 1907), 103.

26  Ibid., 107.

27  Gerhard von Rad, *Genesis: A Commentary* (Philadelphia: Westminster, 1961),



고대 근동 신들과의 논쟁

한다. 피터 엔즈(Peter Enns)는 다음과 같은 말로 이 입장을 잘 반영해준다.

「에누마 엘리쉬」의 경우처럼, 성경 기사가 이 홍수 이야기들에 직접적으로 의존한다고 결론 내려서는 안 된다. 그러나 그들 사이의 명백한 유사성은 어떤 면에서 연관성이 있음을 보여준다. 아마도 하나가 다른 것을 빌려왔거나, 혹은 이 이야기들에는 선례가 되는 더 오래된 이야기가 있었을 것이다. 앞서 언급했던 것처럼, 아카드의 기사들이나 성경 기사보다 더 오래된 것으로 추정되는 수메르의 홍수 이야기가 존재하기 때문에 두 번째 안이 매우 가능성이 높다. 어떤 경우든, 아카드의 증거가 성경 이야기의 역사적 성질을 이해하는 데 어떤 영향을 미치느냐는 문제는 남아 있다.[28]

그러나 성경의 홍수 기사와 고대 근동의 홍수 신화 사이의 병행을 바라보는 또 다른 방법이 있다. 차이점들은 세부적인 내용에서뿐만 아니라 세계관에 있어서도 너무나 크기 때문에, 아마도 그것들은 서로를 의존하거나 혹은 더 이전의 공통적인 출처에 의존하지 않았을 것이다. 폰 라트(von Rad)는 이스라엘의 판이 "전체 이야기와 다를 수 있을 만큼 다르다"고 설명한다.[29] 성경 기사의 독특성은 그것

---

120.

28  Peter Enns, *Inspiration and Incarnation: Evangelicals and the Problem of the Old Testament* (Grand Rapids, MI: Baker, 2005), 29.

29  Von Rad, *Genesis*, 120.

이 이교 신화에 의존했다기보다는 오히려 독립적이라는 점을 뒷받
침해준다. 그것들은 하나의 역사적 홍수에서부터 나온 두 개의 개
별적인 전승이었을 것이다. 나는 다른 저서에서 다음과 같이 기술
했다.

> 만약 성경 이야기들이 사실이라면, 이 진실들에 대한 언급을 성경 외의
> 문헌에서 찾아볼 수 없다는 게 놀라울 것이다. 그리고 실제로 고대 근동
> 신화에서 우리는 역사적 진실의 몇몇 핵심을 본다. 그러나 이교 저자들은
> 그 진실들을 저속하게 만들었다. 그들은 다신론과 마법, 폭력 및 이교 사
> 상을 덧입힘으로써 사실을 왜곡했다. 사실은 신화가 되었다. 이런 각도에
> 서 보면, 홍수 이야기에 대한 공통적인 언급들은 성경 이야기의 역사성을
> 부인하기보다는 오히려 지지해주는 것으로 보인다.[30]

히브리 저자들은 분명히 이교의 홍수 신화를 알고 있거나 익숙했
을 것이다. 그러한 이야기들은 고대 근동 어디에서나 찾아볼 수 있
기 때문이다. 그러나 그들은 그 이야기들에 동의하지 않았을 뿐만이
아니다. 성경 내러티브를 저술하는 한 방식이 다른 이야기들을 반박
하고 비난하는 것이었다는 성경 본문의 내적인 증거도 있다. 이것은
논쟁적인 묘안이다.

---

30  John D. Currid, *Ancient Egypt and the Old Testament* (Grand Rapids, MI: Baker,
    1997), 32.

　　　　　　　　　　　　　　　고대 근동 신들과의 논쟁

## 논쟁적인 관점

우리가 이 연구에서 반복적으로 보았던 것처럼, 창세기 저자는 급진적인 유일신주의자이다. 그는 역사적 방법으로 홍수 사건을 서술할 뿐만 아니라 또한 이교 신화들을 가혹하게 반박한다. 이러한 조롱은 종종 미묘하지만, 그것에는 목적이 있다. 우리는 이 논쟁의 몇 가지 사례를 볼 수 있다. 첫째, 성경 내러티브 전체는 그 이야기 내에서 야웨가 맡은 역할을 강조한다. 야웨는 사건들을 완전히 통제하신다. 야웨는 인류를 멸망시키려는 뜻을 품고 계신다(창 6:7, 13). 그는 홍수를 보내기로 결정하고(6:17), 노아를 구하며(6:18), 노아를 방주 안에 넣고 문을 닫으며(7:16), 홍수를 보내어 살아 있는 모든 것을 쓸어버리고(7:23), 물이 줄어들게 하신다(8:1). 야웨는 세상을 지배하신다. 야웨가 홍수 위에 행사하시는 주권은 「길가메시 서사시」에 나오는 메소포타미아의 신들이 대응하는 방식과 현저한 대조를 이룬다.

> 신들은 홍수를 두려워했으며
> 뒤로 물러나면서 아누(Anu)의 하늘로 올라갔다.
> 신들은 개처럼 주춤주춤 물러나
> 몸을 잔뜩 웅크리고 벽에 기댔다.…
> 신들은 모두 처량하게 앉아서 훌쩍였다.[31]

이교 신들은 자연의 지배 아래 있다. 반면에 야웨는 자연을 완전히

---

31  Pritchard, *Ancient Near Eastern Texts*, 94에서 인용됨.

통제하며 주관하신다.

「길가메시 서사시」에서 우트나피쉬팀은 노아보다 훨씬 더 적극적인 역할을 한다. 우트나피쉬팀은 그의 가족 및 다른 인간들과 동물들을 배 위에 "올라타게 만들었다." 또한 "입구를 막았던" 사람도 우트나피쉬팀이다.[32] 시기적으로 더 앞선 아트라하시스의 서사시에서도 배의 입구를 봉하는 사람은 홍수의 영웅이다.[33] 이와는 대조적으로, 창세기 기사에서는 동물들을 노아 앞으로 데리고 오고, 그들 모두를 방주 안에 넣으며, 문을 닫은 인물은 야웨다(7:16). 이러한 점들은 하나님의 주권이라는 진리를 부각시키며, 그 에피소드 전체가 하나님의 목적과 의지에 따라 전개되고 있음을 강조해준다. 야웨는 이 이야기 안에서 주인공이다.

메소포타미아 기사에서 홍수의 영웅은 배에서 내린 후에 신들에게 (전제[奠祭]의 형태로) 제사를 드린다. 신들의 반응에서 허기에 굶주린 욕망이 드러난다.

> 신들은 향기를 맡았다,
> 신들은 달콤한 향기를 맡았다.
> 신들은 제물 위에 파리 떼처럼 모여들었다.[34]

성경 기사에서 노아의 희생 제사는 그의 죄를 회개하기 위한 예배의

---


32  Ibid., 94.
33  Ibid., 105.
34  Heidel, *Gilgamesh Epic*, 87에서 인용됨.




고대 근동 신들과의 논쟁

행위다. 야웨는 희생 제물의 "좋은 향기를 맡으시고" 다시는 홍수로 인류를 멸망시키지 않으시겠다고 맹세했다(8:21-22). 그 표현은 관용적이다. 이것은 단지 하나님이 노아의 희생제물을 받으셨으며 기뻐하셨음을 의미한다. 야웨는 너무나 굶주린 나머지 파리 떼처럼 희생 제물 주위에 모여드는 이방 신들과 같지 **않다**.

성경의 홍수 기사에 있는 논쟁의 예를 하나 더 들겠다. 다른 예도 더 있지만 이것으로 논지를 증명하기에 충분할 것이다. 앞서 언급했던 대로, 노아의 홍수 내러티브의 독특한 한 가지 양상은 주님이 노아와 언약을 맺으셨다는 것이다. 그 언약 관계의 실재를 보여주는 물리적인 표징으로서 야웨는 하늘에 무지개가 떠오르게 하셨다("구름 속의 내 활"; 창 9:12-13). 그 무지개는 하나님이 살아 있는 모든 피조물과 영원한 언약을 맺었음을 모두가 볼 수 있게 하는 게시판과 같다.

무지개를 나타내는 히브리 단어는 흔히 전쟁 무기에 사용된다. "이것은 종종 이교 신화에서 신들이 다른 신들이나 인간들과 전투를 벌이기 위해 활을 집어 드는 모습을 묘사하는 데 사용된다. 메소포타미아의 창조 전설에서 마르두크가 활을 사용하여 티아마트와 혼돈의 신들을 멸망시킨 후에 신들은 하늘에 활을 걸었으며 그것은 별자리가 된다."[35] 이것은 마르두크가 혼돈의 신들과 싸워 거둔 난폭한 승리의 상징이다. 이와 대조적으로, 성경 기사의 활 모양의 무지개는 하나님과 인류 사이의 평화를 상징한다.

---

35 John D. Currid, *Genesis*, vol. 1 (Darlington, UK: Evangelical Press, 2004), 221. Pritchard, *Ancient Near Eastern Texts*, 69을 보라.

제5장
요셉, 두 형제 이야기, 그리고 "거절당한 유혹녀" 모티브

창세기 37-50장은 히브리 족장 요셉의 생애에 관한 짧은 내러티 브다. 이 짧은 전기에서 한 가지 크게 이상한 점은 창세기 38장에 서 요셉의 삶과 전혀 관계없는 이야기가 삽입된다는 점이다. 이 장 은 요셉에 대한 긴 내러티브 중간에 첨가된 삽입구다. 창세기 37장 을 끝낸 성경 저자는 갑자기 요셉 기사를 버리고 38장에서 독특하 고 예외적인 이야기를 시작한다. 그런 다음 39장에서 요셉의 일화로 다시 돌아간다. 38장은 단지 요셉 이야기 중간에 불쑥 끼어든 불청 객이다.

창세기 38장은 부족의 조상인 유다와 그의 며느리인 다말의 만 남을 상세하게 묘사한다. 이 장의 시작 부분에서 유다는 성에 관한 이스라엘의 율법과 관습 면에서 볼 때 의심스러운 인물로 그려진다.

그 후에 유다가 자기 형제들로부터 떠나 내려가서 아둘람 사람 히라와 가까이 하니라. 유다가 거기서 가나안 사람 수아라 하는 자의 딸을 보고 그를 데리고 동침하니(창 38:1-2).

  고대 근동 신들과의 논쟁

유다는 가나안 여인과 결혼하며(12절), 그녀는 그에게 세 명의 아들을 낳아 준다(3-5절). 그녀가 죽은 후에 유다는 창녀라고 생각했던 여인과 성관계를 갖는데, 그 여인은 그의 며느리인 다말로 밝혀진다. 다말은 유다로 하여금 이스라엘의 계대결혼 율법을 지키게 하려고 노력하고 있었다. 그 여인은 유다를 통해 임신하고 쌍둥이를 낳는다. 이처럼 이 삽화는 온통 불쾌하고 더러운 이야기다.

이 이야기가 현재 자리에 위치함으로써, 유다는 요셉을 돋보이게 하는 역할을 한다. 창세기 39장에서 저자는 요셉의 이야기로 되돌아가며, 요셉은 이야기가 시작되자마자 거의 즉시 보디발의 아내로부터 성적인 유혹을 받는다. 유다가 가나안 사람들 및 창녀로 보이는 여인의 유혹에 넘어간 것과 달리, 요셉은 이집트 유부녀의 유혹에 굴복하기를 거부한다. 두 장 사이의 또 다른 중요한 차이점은 창세기 39장에 네 번 나오는 "야웨께서 요셉과 함께하시므로"라는 "반복 어구"(*leitphrase*)이다(2, 3, 21, 23절). 이 진술은 이 장의 수미상관(즉 2절과 23절에 있는 북엔드로 장 전체를 묶어주는) 역할을 하므로 이 장의 구조에 있어서 중요하다. 달리 말하자면, 이 장은 이런 신학적인 선포와 함께 시작하고 끝난다. 38장에서 유다에 대해서는 그러한 진술이 전혀 없다. 이 모든 것은 유다와 대조적인 요셉의 도덕성과 거룩함을 강조하는 역할을 한다. 하나님은 요셉과 함께하시며, 그러므로 그는 의롭고 바르게 행동한다.

보디발의 아내는 요셉의 거절을 잘 받아들이지 못한다. 그녀는 유혹을 하려다가 거절을 당하고 나서는 오히려 요셉이 강간을 시도했다고 거짓으로 고소한다(39:14-15).

## 또 다른 들러리? 고대 근동 문헌 안의 "거절당한 유혹녀" 모티브

요셉 이야기의 줄거리는 고대 근동 문헌에서만 발견되는 것은 아니다. 이것은 사실 자주 나타나는 주제 곧 라이트모티프(*leitmotif*)다. 예를 들어 고대 이집트에는 "두 형제의 이야기"라는 제목의 유사한 이야기가 존재한다. 그것은 "한 양심적인 젊은이가 형의 아내에게서 유혹을 받고 거절한 후에, 오히려 간음을 제안했다는 거짓 고소를 그녀에게 당하는 이야기를 들려주는 민간전승이다. 이야기의 이 부분은 요셉과 보디발의 아내 이야기와 전반적으로 유사하다."[1] 두 문헌 사이의 관계를 살펴보기 전에, 먼저 그 둘 사이의 병행을 상세하게 살펴볼 필요가 있다.

## 두 형제 이야기[2]

이집트 이야기는 현재 대영 박물관에 소장되어 있는 도르비니 파피루스(Papyrus D'Orbiney)에 온전히 보존되어 있다. 그 문서는 이집트의 신왕국 19대 왕조(기원전 1214-1204년) 세티 2세의 재위 기간에 속한다.[3] 문서 끝에 기록된 짧은 주석들은 세티 2세의 재위 동

---

1    John A. Wilson, "The Story of the Two Brothers," in *Ancient Near Eastern Texts Relating to the Old Testament*, ed. James B. Pritchard, 2nd ed. (Princeton, NJ: Princeton University Press, 1955), 23.

2    이 이야기에 대한 훌륭한 연구를 보려면, Susan T. Hollis, *The Ancient Egyptian "Tale of the Two Brothers"* (Norman, OK: University of Oklahoma Press, 1990)를 보라.

3    Miriam Lichtheim, *The New Kingdom*, vol. 2 of *Ancient Egyptian Literature* (Berkeley: University of California Press, 1976), 203-211을 보라. 또한 본문은 쥬미악 파피루스(Papyrus Jumilhac)에 나중 형태로 보존되어 있다. Jacques Vandier,

안 왕세자였던 세토스-메르네프타(Sethos-Merneptah)의 이름을 언급한다. 사본의 연대는 이것으로부터 추론된다. 파피루스의 끝에는 "그 파피루스가 견습 필사자인 엔나나(Ennana)에 의해 연습용으로 기록되었음을 명확하게 해 주는" 간기(刊記)가 있다.[4] 엔나나 혹은 에네네(Enene)는 기원전 13세기와 12세기에 멤피스 시에서 일했던 필사자였다. "재무부 서기인 카게브(Kageb)의 부하이자 그 자신도 재무부 서기였던 에네네는 두 형제 이야기를 담고 있는 도르비니 파피루스라는 사본뿐만 아니라, 잡다한 학문적 내용을 담고 있고 보존되어 온 두루마리 다섯 개를 만들었다."[5]

그 문헌에는 훼손된 절들이 다수 있다. 그것은 필사자들이 필기 연습이나 문학 연습으로 썼던 파피루스였기 때문일 가능성이 있다. 그 절들은 성질상 필사자가 쓴 것이기 때문에 이야기 자체의 기원은 아마도 그것보다 더 앞선 시기일 것이다. 이 유형의 이야기는 이집트의 신왕국(기원전 1550-1070년) 시대 내내 인기가 있었으며, 중왕국(기원전 2040-1640년) 시기의 이런 유형의 이야기들보다 문체가 덜 형식적이다. 그래서 나는 두 형제 이야기의 기원이 아마도 신왕국 시기 초반부였을 것으로 생각한다.

이야기는 형제인 아누비스(Anubis)와 바타(Bata), 두 주요 인물

---

*Le Papyrus Jumilhac* (Paris: CNRS, 1961)을 보라.

4    D. Winton Thomas, *Documents from Old Testament Times* (New York: Harper & Row, 1958), 168.

5    A. Roccati, "Scribes," in *The Egyptians*, ed. Sergio Donadoni (Chicago: University of Chicago Press, 1997), 79.

을 중심으로 전개된다. 이들의 이름은 고대 이집트에서는 신의 이름이었으며, 이는 이 이야기에 실제로 신화적 배경이 있음을 말해 준다.[6] 이 이야기는 단순한 민간전승 혹은 허구적인 이야기다. 에드워드 웬트(Edward Wente)는 이 이야기가 "신화와 민간전승적인 주제에 많이 의존하므로, 단순히 오락을 위해 저술된 일종의 동화였을 것이다"라고 설명한다.[7] 이집트의 두 형제 이야기는 우화에 불과하기 때문에, 성경에 있는 요셉과 보디발의 병행 이야기 역시 틀림없이 허구라고 가정할 수 있다는 주장이 제기되었다.[8] 그러나 이것은 불합리한 추론이다. 두 이야기 사이의 병행과 유사성이 반드시 각 이야기의 장르나 역사성을 결정하지 않는다.[9] 하나는 신화이지만 다른 하나는 역사적 내러티브가 아닐 이유는 없다.

이야기는 아누비스와 그의 아내, 그의 동생인 바타라는 인물로 구성된 한 이집트 가정의 즐겁고 목가적인 장면을 제시하며 시작한다. 낙원과 같은 장면은 양심적이고 성실하게 일하는 바타가 그의 형수를 성추행했다는 거짓된 비난을 받으면서 곧 산산조각난다.

---

6  아누비스는 들개의 머리를 가진 신이며 미라를 만드는 행위와 관련이 있었다. 바타는 이집트 상부와 연관된 소의 여신이다.

7  E. F. Wente, "The Tale of the Two Brothers," in *The Literature of Ancient Egypt*, ed. William K. Simpson (New Haven, CT: Yale University Press, 2003), 80.

8  예를 들어, Dorothy Irvin, "The Joseph and Moses Narratives," in *Israelites and Judaean History*, ed. John H. Hayes and J. Maxwell Miller (Philadelphia: Westminster, 1977), 180-203을 보라.

9  특별히 James K. Hoffmeier, *Israel in Egypt: The Evidence for the Authenticity of the Exodus Tradition* (Oxford: Oxford University Press, 1996), 80-81의 해설을 보라.



고대 근동 신들과의 논쟁

사실 바타는 형수가 접근해 오는 것을 거부했다. 그러나 아누비스는 아내의 거짓말을 믿고 바타에게 등을 돌렸으며 가족을 떠나라고 강요한다. 나중에 진실을 알게 된 그는 아내를 죽이고, "그녀의 시체를 개들에게 던져준다."

이야기의 두 번째 부분은 "시간이 흐른 후에…"라는 말로 시작한다. 이 두 번째 부분은 엔네아드(Ennead)가 이집트 땅을 살펴보며 다니다가 바타를 만나는 이야기를 들려준다.[10] 이 신들은 바타를 위해 아내를 창조해주기로 결정한다. 그러나 그녀는 바타에게 퇴짜를 놓고, 그 대신 이집트의 파라오를 택한다. 바타는 여러 다양한 형체로 변신함으로써 아내를 되찾으려고 시도한다. 처음에 바타는 삼나무의 형체를 취한다. 그러나 그의 아내는 전혀 관심을 두지 않고 삼나무를 베어버리라고 명령한다. 나무가 잘려나가자, 바타는 "바로 그 순간 쓰러져 죽었다." 그다음에 그는 황소로 부활하지만 파라오가 그를 희생 제물로 삼으면서 이번에도 유사한 운명을 맞는다. 하지만 바타는 이번에도 끝나지 않았다. 이번에 그는 한 쌍의 상록수 나무로 다시 돌아온다. 바타의 아내는 이번에도 아무런 감명을 받지 못하고, 두 그루의 나무를 베어 "고급 가구를 만들라"고 명령을 내린다. 그때 나무 조각 하나가 그녀의 입속으로 튀어 들어가고, "[그것을] 삼킨 그녀는 그 순간 임신하고 말았다."[11] 바타는 이번에는 그녀의 아들로 다시 태어나고, 이집트의 왕이 된다. 그는 형인 아

---

10  엔네아드는 이집트의 아홉 주요 신들의 집단이다.
11  Wente, "Tale of the Two Brothers," 89.

누비스의 지위를 높여주고, 자신의 자리를 이어받게 하면서 형제를 둘러싸고 벌어진 재앙을 극복한다. 그렇게 형제는 다시 결합한다.

이 연구에서 가장 우리의 관심을 끄는 것은 "거절당한 유혹녀" 모티브가 주요 무대를 차지하는 이야기의 첫 번째 부분이다. 이야기의 플롯-모티브 측면에서 보면, 이 이야기와 요셉 이야기 사이의 병행은 현저하다. 다음의 병행들은 관찰해볼 만한 가치가 있다.

| 두 형제 이야기 | 창세기 39장 |
| --- | --- |
| 문단 1: 바타는 성실하고 근면한 사람으로 묘사된다. 그는 형의 재산을 관리한다. 그는 신뢰를 받으며, 일을 잘 한다. 바타는 "완벽한 사람이었으며, 온 땅에 그와 같은 사람은 없었다. 왜냐하면 신의 정기가 그의 안에 있었기 때문이다." | 1-6절: 요셉은 주인에게 은혜를 입었으며, "그의 주인의 집에서…형통한 자가 되었다." 그리고 "요셉은 용모가 빼어나고 아름다웠다." 본문은 야웨께서 요셉과 함께하시며, 하나님이 "그의 범사에 형통하게 하셨다"고 두 번 언급한다. |
| 문단 2-4: 바타는 묵묵히 자신이 할 일을 매일 해 나간다. 그는 자기에게 맡겨진 일을 하는 동안 순진하고 순수한 사람으로 그려진다. 그는 순종적인 사람이며, 문헌은 그가 "그의 형이 그에게 하라고 말하는 모든 일을 했다"고 말한다. | 11절: 요셉은 성실하고 정직하게 이집트인 주인의 일을 관리한다. |
| 문단 6: 이름이 없는 바타의 형수는 그가 일하는 것을 지켜보았다. 그녀는 "성적으로 깊은 관계를 통해 그를 알고" 싶어 한다. 그래서 그녀는 그를 붙잡고 동침하자고 유혹한다. | 7, 12절: 보디발의 아내는 "요셉에게 눈짓하며" 요셉이 그녀와 동침하기를 원한다. 그녀는 요셉을 붙잡고 동침하자고 유혹한다. |
| 문단 7: 바타는 형수의 제안에 몹시 화를 낸다. 그의 형은 그를 완전히 신뢰하며 어렸을 때부터 키워주었다. 그런데 어떻게 그가 형을 배신할 수 있겠는가? 바타는 형수를 꾸짖고 들판으로 일하러 나간다. | 8-9절: 요셉은 보디발의 아내에게 그녀의 남편이 그를 완전히 신뢰하고 있다고 대답한다. 그가 그런 신뢰를 어떻게 배반할 수 있겠는가? 또한 요셉에게 있어 이 행위는 "하나님 앞에서 큰 악을 행하고 죄를 짓는 것"이었다. 요셉은 그 자리를 떠난다. |

| 문단 8: 아누비스의 아내는 자신이 한 일을 은폐하려고 술수를 써 덫을 놓는다. 그녀는 마치 매를 맞은 것처럼 꾸미고, 자리에 누워 아픈 척한다. 남편이 집에 돌아오자, 바타가 자신과 동침하려 했으며 자신이 바타의 요구를 거절하자 그녀를 폭행했다고 고소한다. 그런 다음 그녀는 바타를 죽이라고 요구한다. | 13-18절: 보디발의 아내는 속임수를 사용하여 자신은 무죄하며 요셉이 죄가 있음을 입증하려고 한다. 요셉이 그 자리를 떠났을 때 그는 겉옷을 두고 갔다. 보디발이 집에 돌아오자 그의 아내는 요셉이 그녀와 동침하려고 했다고 고소하며 보디발에게 그 옷을 증거로 보여준다. |
|---|---|
| 문단 9: 아누비스는 "이집트의 표범"처럼 몹시 화를 낸다. 그는 바타를 죽이려고 창으로 무장한다. | 19-20절: 보디발은 몹시 화를 내며 요셉을 감옥에 가둔다. |

이 지점에서 두 이야기는 크게 달라진다. 이집트의 이야기에서 바타는 그 현장을 떠나고 아누비스는 그를 추격한다. 두려움에 사로잡힌 바타는 정의와 구원을 위해 레-하라크티(Re-Harakhti)에게 기도한다.[12] 신은 두 형제 사이에 악어가 우글거리는 커다란 호수를 놓아둠으로써 그의 기도에 응답한다. 바타는 형 앞에서 자신의 무죄를 주장하며 신은 재판정에서 증인의 역할을 해준다. 동생은 아누비스의 아내에게 아무 짓도 안 했음을 보여주기 위해서 스스로 거세를 하며 그 장면을 마무리한다. 신체 훼손은 신과 형 앞에서 맹세하려고 자신에게 가한 고난이다. 당연히 바타는 죽고 아누비스는 자기 머리 위에 손을 얹고 몸에 재를 뿌리며 애도하기 시작한다. 이야기는 아누비스가 집으로 돌아가 아내를 죽이고서 그녀의 시체를 개들

---

12 레-하라크티("두 지평의 태양신인 레")는 모든 피조물을 다스렸으며 신왕국 시대에 이집트인들의 최고의 신이었다.

에게 던져 줌으로써 끝난다.

성경 기사에서 요셉은 즉시 감옥에 갇힌다. 그러나 우리는 그곳에서조차 "여호와가 요셉과 함께하셨다"(창 39:21, 23)는 것을 본다. 그러나 요셉을 유혹했던 보디발의 아내의 운명에 대해서는 아무런 언급이 없다.

### 신들의 삼각 관계

"거절당한 유혹녀" 모티브는 히타이트와 메소포타미아의 신화에서도 나온다. 거기서 인물들의 삼각관계는 신들로 구성된다. 히타이트의 "거절당한 유혹녀" 이야기는 종종 엘쿠니르샤(Elkunirsha) 신화라고 불린다.[13] 이 이야기는 더 큰 내러티브의 단편에 불과하다. 우리는 그 이야기의 두 개의 부분만을 갖고 있다. 단편들의 연대는 논쟁의 대상이다. 어떤 학자들은 이른 연대(약 기원전 1500년)를 주장하며, 다른 학자들은 그보다 늦은 연대(약 기원전 1250년)를 주장한다.[14] 그 문헌은 히타이트에 국한된 것으로 보이지는 않는다. 왜냐하면 히타이트 신들의 이름이 아니라 셈족 신들의 이름이 사용되었기 때문이다. 그 문헌의 주요 신 두 명은 엘쿠니르샤와 그의 동료이자 아내인 아

---

13  그 서판의 영어 번역은 A. Goetze, "El, Ashertu and the Storm-god," in Pritchard, *Ancient Near Eastern Texts*, 519; H. A. Hoffner, "The Elkunirsa Myth Reconsidered," *Revue Hittite et asianique* 23/76 (1965): 5-16; 같은 저자, *Hittite Myths* (SBLWAW 2; Atlanta: Scholars Press, 1990) 69-70에서 볼 수 있다.

14  Hans G. Guterbock, "The Hittite Version of the Hurrian Kumarbi Myths: Oriental Forerunners of Hesiod," *American Journal of Archaeology* 52 (1948): 123.

셰르투(Ashertu)다. 첫 번째 이름은 가나안의 신인 "엘(El), 땅의 창조주"를 가리키며, 두 번째 이름은 가나안의 아세라(Asherah) 혹은 아스타르테(Astarte) 여신을 가리킨다. 이 두 신은 기원전 2천 년대에 가나안의 주요 도시 국가였던 우가리트에서 발견된 서판에 묘사된 최고 신들이다. 그 서판들에서 엘은 "왕"과 "신들의 아버지"라고 묘사되며, 아세라는 엘의 배우자이자 신들의 어머니로 묘사된다.[15] 지금 우리가 다루고 있는 문헌이 셈족의 신들을 사용하는 원래 히타이트 신화인지, 아니면 원래 가나안에서 유래한 이야기를 히타이트족이 다시 구술한 것인지는 확실하지 않다.[16]

조각난 본문은 엘의 아내인 아셰르투 여신이 폭풍의 신에게 자신의 장막으로 찾아와 동침하자는 강압적 요구를 반복하는 것으로 시작한다. 그는 그녀의 요구를 계속 거절한다. 그가 거절해도 그녀는 멈추지 않으며, 더 공격적으로 폭풍의 신을 괴롭힌다. "마침내 그의 끈질긴 거절에 화가 난 여신은 그에게 마지막 기회를 주며, 만약 그가 오지 않으면 그녀의 남편인 엘쿠니르샤에게 폭풍의 신이 그녀를 힘으로 제압하려 했다고 말하겠다고 한다. 폭풍의 신은 이를 수용할 의향이 없지만, 그녀의 협박에 두려워한다. 그리고 그는 이 이야기의 영웅들에게서는 찾아보기 힘든 지성과 결단력을 가지고 가능한 한 빨리 높은 신인 엘쿠니르샤의 장막으로 찾아가서 자초지종

---

15 Michael D. Coogan, *Stories from Ancient Canaan* (Philadelphia: Westminster, 1978), 11-14.

16 Lowell K. Handy, *Among the Host of Heaven: The Syro-Palestinian Pantheon as Bureaucracy* (Winona Lake, IN: Eisenbrauns, 1994), 34-37의 논의를 보라.

을 밝히고 자신이 무죄임을 말한다."[17] 엘쿠니르샤는 아셰르투의 코를 납작하게 해줄 계획을 세운다. 그는 폭풍의 신에게 그의 아내와 잠자리에 들고 그녀에게 모욕을 주라고 말한다. 폭풍의 신은 그의 말을 따라 아셰르투에게 모욕을 주며, 그녀는 분노로 반응한다. 문헌은 이 지점에서 깨져 있지만, 아셰르투가 폭풍의 신에게 복수하며 앙갚음할 것으로 보인다.

## 「길가메시 서사시」

「길가메시 서사시」라고 불리는 메소포타미아의 이야기도 거절당한 유혹녀라는 플롯-모티브를 갖고 있다.[18] 그 기사의 서판 V는 길가메시가 동료인 엔키두(Enkidu)와 여행하며, 무서운 훔바바(Humbaba)의 머리를 자르는 이야기를 들려준다. 훔바바는 삼나무 숲을 지키는 파수꾼이며, 인류의 원수이자 공포의 대상이다. 전투에서 돌아온 길가메시는 머리를 감고, 깨끗한 옷으로 갈아입으며, 무기를 닦고, 왕관을 쓴다(서판 VI: 1-5). 이슈타르(Ishtar) 여신은 길가메시가 잘생긴 것을 보고 자신의 남편이 되어 달라고 그를 유혹한다(VI: 6-21). 그것은 달갑지 않은 유혹이었으며, 길가메시는 이슈타르의 구애를 거부한다. 그가 거부한 것은 이슈타르가 과거에 이전 남편들과 연인들을 어떻게 유혹하고 파괴했는지, 그리고 그들에게 흥미를 잃었을 때 그녀가 어떻게 그들을 짓밟았는지를 알았기 때문이다(VI: 22-79).

---

17  Irvin, "Joseph and Moses Narratives," 186-187.
18  Alexander Heidel, *The Gilgamesh Epic and Old Testament Parallels*, 2nd ed. (Chicago: University of Chicago Press, 1949).

이에 이슈타르는 분노하며, 그녀의 아버지인 아누(Anu)와 어머니인 안툼(Antum)에게 가서 길가메시가 부당하게 "자신이 한 짓이 악하다고 비난했다고" 불평한다(VI: 85). 그녀는 길가메시를 파멸시키기 위해 "하늘의 황소"를 만들어달라고 아버지에게 부탁함으로써 복수를 꾀한다(VI 92-100). 아누는 마지못해 이슈타르의 요구를 들어주고 황소를 보내 전투를 하게 한다. 종국에는 죄 없는 영웅 길가메시가 황소를 죽임으로 승리를 거둔다(VI: 122-154). 그와 그의 친구 엔키두는 궁전에서 성대한 잔치를 벌이며 승리를 축하한다.

## 분석

앞에서 나는 도로시 어빈(Dorothy Irvin)이 요셉 이야기의 장르를 고대 근동의 이런 이야기들과의 병행에 근거해서 정의하려고 시도한다는 말을 했었다. 나는 제임스 호프마이어(James Hoffmeier)의 평가에 동의한다. 그는 "일반적인 배경 정보를 제공하기 위해 히브리 문헌과 이집트 문헌의 서로 상이한 부분들을 비교할 수 없는 것은 아니다. 그렇지만 문제의 문헌들이 정말로 상응한다는 좋은 증거가 없다면, 한 문헌의 장르와 다른 문헌의 장르를 구분하기 위해 두 문헌을 비교하는 것은 타당하지 않다고 생각한다"라고 말한다.[19] 어빈의 주장은 창세기 1-2장이 신들의 영역을 주로 다루는 메소포타미아의 「에누마 엘리쉬」와 같은 저술들과 병행을 이루기 때문에 그것을 신화적인 문헌으로 정의하고자 하는 사람들의 주장과 유사

---

19  Hoffmeier, *Israel in Egypt*, 80.

하다. 그러나 창세기 1-2장은 히브리인들의 역사적 내러티브의 특징을 모두 갖고 있으며 민간전승이나 신화적인 것으로 제시되지 않았다는 것이 사실이다.

요셉 이야기 역시 역사적 내러티브라는 장르로 기록되며, 거기에는 다른 고대 근동의 "거절당한 유혹녀" 이야기의 신화적 요소들이 없다. 창세기 나머지 부분과 마찬가지로, 성경 저자는 요셉의 이야기를 허구적이고 신화적인 민속 이야기로 서술하고 있지 않다. 그것은 고대 근동의 민속 이야기들에 대한 논쟁 역할을 하며, 사실에 입각한 역사적인 기사다. 요셉의 이야기가 다른 레반트의 기사들과 어떻게 상반되는가? 그리고 이 흔한 플롯-모티브를 논쟁적인 방식으로 채용함으로써 이것이 독자에게 말하려고 하는 것은 무엇인가?

첫째, 이집트, 히타이트, 메소포타미아의 "거절당한 유혹녀" 이야기들은 신들이 어떻게 인간적으로 행동하는지를 묘사한다. 그것들은 후대의 그리스 신들의 이야기와 매우 흡사하다. 그리스 신들은 모두 인간의 약점과 감정 및 흠을 갖고 있으며, 그들 중 다수는 부도덕하게 행동한다. 반면에 요셉 이야기는 진실된 인간의 태도를 진술하며, 거룩하고 의롭고 도덕적인 진정한 한 분 하나님을 영화롭게 한다. 그는 그의 백성을 위해 행동하는 하나님이다. 성경의 기사는 신화적이지도 않고 민속적인 이야기도 아니다. 성경 기사는 자신의 진정성을 드러내려고 고대 근동 신화를 조롱한다. 폴 베인(Paul Veyne)은 "이 논쟁의 목표는 모든 경쟁자를 내쫓는 것이며, 질투하는 하나님이 경쟁을 절대로 용인하시지 않는다는 사실을 느끼게 하려는 데 있다"라고 말한다.[20] 그는 이교의 신들에 대한 기독교의 반

 고대 근동 신들과의 논쟁

응과 관련해서 그런 진술을 한 것이지만, 그것은 거짓 신들을 바라
보는 히브리 관점에 대한 우리의 현재 연구에도 똑같이 적용된다.

20 Paul Veyne, *Did the Greeks Believe in Their Myths? An Essay on Constitutive Imagination*, trans. Paula Wissing (Chicago: University of Chicago Press, 1988), 114.

제6장

# 구속자의 탄생

이 연구에서 분명하게 밝혀지겠지만, 구약의 많은 이야기는 고대 근동의 흔한 모티브 혹은 플롯-모티브[1]들을 반영한다. 그 지역의 여러 문화에서 발견되는 그러한 모티브 중 하나는, 유아기 동안 위협과 위험에 처하지만 그 위기를 넘기고 성장하여 백성의 중요한 지도자가 되는 한 어린아이의 탄생 이야기이다. 이 이야기들 대부분은 신들이나 영웅적인 위대한 인간의 삶을 다루는 신화적인 이야기이거나 전설이다. 이 모티브는 다양한 판으로 오랜 기간에 걸쳐 나타난다. 가장 초기 판은 기원전 3천 년대까지 거슬러 올라가는 것으로 보인다. 그 모티브는 메소포타미아와 이집트 및 하티(Hatti)의 기사들을 포함해 고대 근동 전역에서 발견된다. 우리의 연구에 있어서 중요한 점은 이 이야기들과 출애굽기 2:1-10에 기록된 모세의 탄생 이야기 사이에 현저한 병행이 있다는 사실이다. 여기서도 또다시 우

---

1    Dorothy Irvin, "The Joseph and Moses Story," in *Israelite and Judaean History*, ed. John H. Hayes and J. Maxwell Miller (Philadelphia: Westminster, 1977), 183 에서 사용된 용어다. 그녀는 이 용어를 "이야기를 한 단계 앞으로 진전시키는 플롯의 요소"로 정의한다.

리의 질문은 고대 근동의 이런 이야기들과 성경 내러티브 사이의 관계를 어떻게 평가하고 이해해야 하는가이다. 그 둘 사이에 의존성이 있는가? 성경 저자는 단지 주변 문화로부터 잘 알려진 문헌을 빌려와서 자신의 목적에 맞추어 사용한 것인가? 성경의 자료는 전설인가, 신화인가, 역사인가? 이를 비롯한 여러 질문은 이 장을 써내려가는 동안 다루게 될 것이다. 그러나 이 질문들에 답하기 전에 먼저 고대 근동 지역에서 "구속자의 탄생" 모티브를 가진 여러 기사에 대해 생각해보자.

## 사르곤(Sargon)의 전설

사르곤 1세(기원전 약 2340-2284년)는 셈족이었으며 메소포타미아에서 아카드 제국을 건립했다. "그는 키쉬(Kish) 왕의 술 관원이었지만, 그의 주인을 쫓아내고 군대를 데리고 우루크(Uruk)로 행진한다. 사르곤은 당시 수메르의 대 군주였던 루갈자기시(Lugalzaggisi)와 싸워 이기고 우르(Ur), 라가쉬(Lagash), 움마(Umma)를 정복하여 마침내 수메르 온 땅을 정복하고 페르시아만까지 진출했다. 그는 고대 메소포타미아에서 그 위치가 알려지지 않은 유일한 왕의 도시인 아가데(Agade)에 수도를 세웠다."[2] 사르곤은 서쪽으로는 시리아와 동쪽으로는 엘람을 상대로 전쟁을 벌여 그의 영토를 확장했다. 그는 55년 넘게 지배했으며 모든 면에서 그의 재위는 영광스러웠다.

---

2  John D. Currid and David P. Barrett, *Crossway ESV Bible Atlas* (Wheaton, IL: Crossway, 2010), 59.

우리에게는 사르곤의 재위 때 기록된 자료가 많이 없다. 그가 동쪽으로 진출한 정복 전쟁, 특히 엘람을 상대로 벌였던 전쟁을 묘사하는 사르곤 문헌은 두 개가 있다.[3] 사르곤은 위대한 업적을 세운 역사적 인물이 확실하지만, 우리는 당대의 문서에서 그에 대한 정보를 거의 얻지 못한다. 그러나 사르곤의 재위는 "수메르-아카드인들에게 깊은 인상을 남겼기 때문에 그에 대한 인물 묘사는 전설적인 면이 많이 가미되어 있다."[4] 실제로 사르곤의 삶, 왕권, 정복 전쟁 등에 대해 말하는 후대의 문학 작품이 몇 개 있다. 역사가들의 질문은 이 후대 문학 중 얼마만큼이 단순한 전설이며, 얼마만큼이 진정한 역사적 사실을 담고 있느냐는 것이다.

이 후대 문헌 중 하나는 「사르곤의 전설」이며, 이 전설은 사르곤의 탄생과 권좌로의 등극에 대해 들려준다.[5] 그 문헌의 네 가지 본문(A, B, C, D)은 기원전 7세기 서판들에서 발견되었다. 원본의 연대는 확실하지 않다. 브라이언 루이스(Brian Lewis)는 이것이 본래 신(新)시리아 시대에 사르곤 2세의 재위 동안(기원전 721-705년) 저술되었다고 결론을 내리는데, 트렘퍼 롱맨(Tremper Longman) 역시 그렇게 생각한다.[6] 이 이야기의 목적은 사르곤 2세가 아카드(Akkad)의

---

3     W. Hinz, "Persia, c. 2400-1800 B.C.," *Cambridge Ancient History*, vol. I, chapter 23 (Cambridge: Cambridge University Press, 1963), 5-7.

4     Georges Roux, *Ancient Iraq* (Baltimore: Penguin, 1964), 140.

5     James B. Pritchard, ed., *Ancient Near Eastern Texts Relating to the Old Testament*, 2nd ed. (Princeton, NJ: Princeton University Press, 1955), 119. 이 본문에 대한 가장 최신의 상세한 연구는 Brian Lewis, *The Sargon Legend: A Study of the Akkadian Text and the Tale of the Hero Who Was Exposed at Birth* (Cambridge, MA: American Schools of Oriental Research, 1980)이다.

사르곤 1세의 후계자가 될 만한 사람임을 보여줌으로써 사르곤 2세를 추앙하는 데 있었다. 달리 표현하자면, 그 문헌은 부분적으로는 사르곤 2세의 지배를 정당화하기 위해 저술된 것이다. 그러한 전후 관계는 추측이지만 분명히 가능하다. 그 전설의 어떤 요소들은 기원전 7-6세기의 완전한 이야기들보다 앞선 시대의 다른 문헌에서도 발견된다. 예를 들어 고대 바빌로니아의 문헌(기원전 2천 년대 초)은 "이슈타르의 사랑을 받는 나는 전 세계를 누비고 다니는 사르곤이다"[7]라는 말로 시작한다. 사르곤이 이슈타르의 사랑을 받은 자라는 내용은 사르곤 전설에서는 나타나지 않지만, 메소포타미아 문헌에서는 수세기 동안 존재했다. 이것은 아마도 그 저술이 사르곤 2세 때보다 더 이른 시대로부터 왔음을 말해줄 것이다. 여기서도 공정하게 말하자면, 우리는 그것의 기원에 대해 확실하게 알지 못한다.

그 문헌은 "나 사르곤은, 권능의 왕, 아가데의 왕이다"라고 일인칭 단수로 서술된다. 그러나 그 이야기는 분명히 사르곤 1세 때에 기록된 것은 아니다. 그러므로 그것의 장르는 알버트 그레이슨(Albert Grayson)이 말한 "위(僞) 자서전"이거나, 아니면 롱맨이 명명한 "허구적인 자서전"[8]이다. 어떤 학자들은 이렇게 정의하는 것에 동의하지 않지만, 본질상 이것은 맞다.[9] 핵심은 그 문헌이 사르곤

---

6    같은 책, 97ff.; Tremper Longman, *Fictional Akkadian Autobiography: A Generic and Comparative Study* (Winona Lake, IN: Eisenbrauns, 1991), 57-58.

7    Lewis, *Sargon Legend*, 133.

8    Albert K. Grayson, *Babylonian Historical-Literary Texts* (Toronto: University of Toronto, 1975), 8 n. 11; Longman, *Fictional Akkadian Autobiography*, 53-60.

9    Hans G. Guterbock, "Die historische Tradition und ihre literarische Gestaltung

1세가 사망하고 나서 한참 후에 기록되었기 때문에 허구적이고 전설적이라는 것이다.

그 이야기의 플롯 내러티브는 네 부분으로 나눌 수 있다.

1. 1-3행: 이야기는 사르곤이 자기 정체성을 확인하는 장면으로 시작한다. 앞서 말했듯이 사르곤이 자신에 대한 이 문서를 저술했다고 기록되어 있지만, 이것은 매우 가능성이 적다. 여기서 그는 자신의 비천한 혹은 적어도 미심쩍은 출신을 묘사한다. 그는 "에네투"(*enetu*), 즉 대여사제[10]의 아들이다. 사르곤은 그의 아버지에 대해 전혀 알지 못했다. 아마도 그의 아버지가 젊어서 죽었거나, 아니면 더 가능성이 있게는 사르곤이 부적절한 관계에서 태어났을 것이다. 사르곤의 가족은 부유하거나 잘 알려진 가문은 아니다. 그의 형제들은 도시나 평원에 살지 않고 고원 지대에 사는 사람들이었다. 사르곤은 셈족이었으며 수메르인이 아니었기 때문에, 이 문헌이 과연 사르곤의 왕권의 정당성에 대해 말하고 있느냐는 의문을 품게 된다. 사실 사르곤의 왕명은 사루켄[케누](*sarruken[u]*)이었으며 그 이름은 "왕은 적법하다"라는 의미다.

---

bei Babylonieren und Hethitern bis 1200," Zeitschrift für Assyriologie 42 (1934): 1-91을 보라. 그는 이 문헌을 나루(*naru*) 문헌으로 분류한다. 나루 문헌은 묘비에 나타나는 기사들처럼 구성된 문학 유형이다.

10  초기 번역가들은 이 용어가 "비천한 여인"을 의미했다고 생각했다. 그러나 현대 연구에서는 이 용어를 "여사제"로 적절하게 번역했다.

   고대 근동 신들과의 논쟁

2. 4-9행: 이 문헌은 이제 사르곤의 탄생 이야기를 서술한다. 그가 태어날 때 분명히 어떠한 위험이나 위기가 있었으며, 그의 어머니는 그를 "비밀리에" 출산한다. 어떤 위협이 있었는지는 그 문헌에서 밝히지 않는다. 그것이 무엇이었든지 간에, 그 위험 때문에 어머니는 사르곤을 갈대 바구니에 넣고, 바구니가 상하지 않도록 역청으로 싸서 봉한 다음, 그것을 "강물들"에 던지지 않을 수 없었다. 강물이 복수인 것은 아마도 티그리스강과 유프라테스강이 쌍둥이강이라는 사실을 반영했기 때문일 것이다. 강물들이 "나를 덮지 못했다"라는 사르곤의 진술에서 분명히 알 수 있듯이, 바구니를 역청으로 덮은 것은 물이 스며들어오지 못하도록 하기 위해서였다. 이 고난의 끝에서, 사르곤은 "선한 마음씨"를 가진 아키(Akki)라는 이름의 정원사에 의해 물에서 "건져진다."

3. 10-12행: 아키는 사르곤을 자기 아들로 키우며, 그 젊은이는 양아버지처럼 정원사가 된다. 그런 다음 문헌은 이슈타르 여신이 청년인 사르곤을 사랑했다고 서술하며, 이것은 신이 그를 선택하고 인정했음을 보여준다.

4. 13-30행: 이슈타르의 은총 덕분에 사르곤은 왕국의 지배자 및 구원자가 된다. 이 부분은 사르곤이 전투에서 세운 무용담과 어떻게 그가 수메르 땅을 넘어 서쪽으로 레바논까지 그의 왕국을 확장했는지를 주로 다룬다.

문헌의 2-4부, 특히 4-13행은 출애굽기 2:1-10의 모세의 출생 기사를 확연히 연상케 한다. 공통 요소는 다음과 같다. (1) 탄생을 둘러싼 위험과 비밀, (2) 위험에 처한 아기를 역청으로 싼 갈대 바구니에 놓는 어머니, (3) 아기를 강물에 유기함, (4) 아기의 구조와 입양, 그리고 마지막으로 (5) 소년이 자라나서 그의 백성의 위대한 지도자가 됨 등이다. 어떤 주석가들은 달리 말하기도 하지만, 두 기사 사이에 플롯과 순서 및 전반적으로 일치하는 세부사항이 있는 것으로 보아, 일종의 관계가 있는 것은 분명해 보인다. 우리 앞에 놓인 질문은 여기서도 그 관계가 무엇이냐는 점이다. 다른 문화와 시대에 나타나는 이 이야기들의 병행을 어떻게 설명할 것인가? 둘 사이에 의존성이 있는가, 없는가?

물론 성서학계의 지배적인 생각은 모세 이야기가 사르곤의 전설을 빌려왔다는 것이다. 사르곤의 전설은 모세 이야기보다 더 일찍 저술되었다고 가정되곤 한다. 그러므로 성경이 그보다 앞선 시기의 고대 근동 문헌에 틀림없이 의존한다는 것이다. 그러나 그것은 어설픈 가정일 것이다. 제임스 호프마이어(James Hoffmeier)는 다음과 같이 옳게 주장한다.

사르곤 전설과 모세 탄생 이야기 사이의 상관관계를 찾고 싶어하는 사람들에게 더 문제가 되는 것은 앞에서 지적했던 것처럼 남아 있는 사르곤 문헌 중 가장 초기의 사본이 신(新)아시리아 혹은 그 이후 시기의 것이라는 점이다. 다른 요인들과 함께 이 요인은, 8세기 후반의 아시리아 왕인 사르곤 2세에 의해(혹은 그를 위해) 기록되었을 수 있음을 시사한다. 사르곤 2세는 아카드의 위대한 선왕의 이름을 땄으며 자신과 그 군주를 동일시했다. 이 가능성은 사르곤 전설이 출애굽기에 영향을 주었다는 이론의 입지를 약화시킨다. 왜냐하면 (보통 각각 10세기와 8세기로 추정되는) J 혹은 E 문서가 출애굽기 2:1-10 뒤에 있는 출처라는 사실을 인정하고 이 출처들의 전통적인 연대를 따른다면, 두 문서 모두 사르곤 2세의 재위 시기 (721-705)보다 앞서기 때문이다.[11]

성경의 모세 탄생 기사가 사르곤 전설에 의존하지 않는다는 호프마이어의 잠정적인 결론은 출애굽기의 후대 저작 연대설을 근거로 한 것이다. 만약 출애굽기 저술 연대가 그보다도 더 이른 시기이고, 아마도 모세가 저자일 것이라는 모세 저작설을 인정한다면, 성경의 그 이야기는 사르곤 전설보다 시기적으로 몇 세기는 더 앞선 것이 된다.

### 호루스(Horus)의 신화

내가 보여주려고 시도했던 것처럼, 많은 학자는 모세의 탄생 이야기가 사르곤의 전설과 분명히 관계가 있다고 믿는다.[12] 그러나 어떤 학자들은 그렇게 생각하지 않는다. 몇몇 역사가는 그와 정반대로, 두 기사 사이의 병행이 단순히 보편적인 것에 지나지 않으며 연

---

11 James K. Hoffmeier, *Israel in Egypt* (Oxford: Oxford University Press, 1999), 136-137.

12 B. S. Childs, "The Birth of Moses," *Journal of Biblical Literature* 84 (1965): 109-122; B. R. Foster, "The Birth Legend of Sargon of Akkad," in *The Context of Scripture*, ed. William W. Hallo and K. Lawson Younger, Jr., vol. 1 (Leiden, Netherlands: Brill, 1997), 461을 보라.

관성이 약하다고 주장한다. 오히려 모세 탄생 이야기의 배경이 이집트이기 때문에, 그 땅의 문헌과 연관성을 찾아보아야 한다는 것이다. 게리 렌즈버그(Gary Rendsburg)가 지적한 대로, "성경 문헌의 성질을 볼 때, 이집트를 배경으로 하는 이야기의 한 양상을 설명하기 위해서는 메소포타미아에 주목할 것이 아니라 이집트에 주목해야 한다."[13] 그리고 도널드 레드포드(Donald Redford)가 명명한 "(위험에) 노출된 유아 모티브"를 담고 있는 이집트의 이야기가 발견되었는데, 그것은 흔히 호루스의 신화라고 불린다.[14]

이 탄생 이야기의 완전한 형태는 플루타르코스(Plutarch)가 그의 말년(기원후 46-120)에 저술했던 「이시스와 오시리스」(*Isis and Osiris*)에서 발견된다.[15] 쥬미악 파피루스(P. Jumilhac)라고 불리는 축약된 문헌은 더 앞선 시기인 기원전 2세기의 프톨레마이오스 시대에 나타난다. 레드포드는 이러한 문헌들이 연대가 매우 늦기에 그리스-로마 시대에서 빌려온 것이며 성경 내러티브와 아무런 관계가 없을 것이라고 주장했다. 렌즈버그는 "호루스-셋(Horus-Seth) 갈등과 이시스-호루스(Isis-Horus) 관계의 요소들이 고왕국의 피라미드 문헌(Pyramid Texts)과 중왕국의 관 문헌(Coffin Texts)에서 이미 나

---

13 Gary A. Rendsburg, "Moses as Equal to Pharaoh," in *Text, Artifact, and Image: Revealing Ancient Israelite Religion*, ed. Gary M. Beckman and Theodore J. Lewis (Providence: Brown Judaic Studies, 2006), 201-219.

14 Donald B. Redford, "The Literary Motif of the Exposed Child," *Numen* 14 (1967): 209-228.

15 Daniel S. Richter, "Plutarch on Isis and Osiris: Text, Cult, and Cultural Appropriation," *Transactions of the American Philological Association* 131 (2001): 191-216.

　　　　　　　　　　　　　　　고대 근동 신들과의 논쟁

타나며…후대의 문헌에서 가장 처음 그리고 유일하게 나오는 호루스 탄생 이야기의 요소는 파피루스 바구니에 대한 구체적인 언급이다"[16]라고 주장함으로써 레드포드의 주장에 적절하게 반박한다. 그러므로 기본적인 이야기와 "위험에 노출된 아기"라는 모티브는 오래 동안 이집트 문헌 문화의 일부분이었다.

이야기의 배경은 신들의 영역이다. 그 기사의 주요 인물 두 명은 지하 세계를 다스리는 신인 오시리스와 그의 아내인 이시스다. 문헌은 무질서와 사막, 폭풍과 전쟁의 신인 세트(Seth)에 의한 오시리스의 살해를 서술한다. 이시스는 그녀의 남편을 부활시킴으로써 그에 대응한다. 그런 다음 그녀는 오시리스의 아들을 잉태한다. 그녀는 "켐미스(Chemmis)의 늪지대에서" 호루스를 낳는다. 그러나 호루스에게는 큰 위험이 도사린다. 그의 어머니는 만약 세트가 호루스의 존재와 행방을 발견하면 아기를 죽일까 두려워한다. 분명히 세트는 호루스가 자라서 그의 아버지인 오시리스를 죽인 일 때문에 그에게 복수할 것을 두려워했을 것이다. 세트는 호루스의 존재에 대해 알아내며 이시스와 아기를 유인하여 죽이려고 한다. 그런데 치유와 지혜의 신인 토트(Thoth)가 와서 그들을 보호해주며, 그들은 켐미스(델타)의 늪지대로 도망할 수 있게 된다. 그곳에서 이시스는 호루스를 파피루스 숲속에 숨겨두는데, 후대의 기사들에서는 그를 파피루스 바구니에 놓아둔 것으로 묘사한다. 세트는 계속해서 호루스를 죽이려고 시도하며 심지어 뱀으로 변신해서 아기를 물려고도 한다. 호루

---

16 Rendsburg, "Moses as Equals to Pharaoh," 206 n. 19.

스는 위기를 넘기고 살아남으며, 신화의 끝부분에 이르러서는 장성한 호루스가 세트와 싸워 그의 아버지 오시리스의 죽음에 복수할 준비가 된다.

물론 호루스의 탄생 이야기는 신화적이다. 그 이야기는 신들의 삶을 다루고 있다. 그 이야기의 목적은 호루스가 이집트의 첫 번째 국가의 신으로 등극하는 것을 정당화하려는 데 있는 듯하다. 호루스와 셋의 갈등에는 전반적으로 또 다른 목적이 있는데, 그것은 호루스가 온 이집트의 지배자로서 파라오와 밀접한 관계가 있음을 보여주는 것이다. 호루스와 세트 사이의 큰 전투에서, 세트가 호루스의 눈을 해치거나 훔쳐서 호루스는 아주 약화된 상태에 처하게 된다. 마지막에 호루스는 눈을 회복하고, 큰 힘을 다시 얻어 세트를 물리친다. 고대 이집트인들에게 호루스의 눈은 그 신의 모든 능력과 미덕의 상징이 되었다. 따라서 "왕권의 상징과 표징인 왕관에 붙인 뱀은 호루스의 눈이라고 불렸다."[17] 달리 말해, 파라오의 왕관에는 호루스의 모든 힘과 능력이 담겨 있었다. 파라오는 호루스가 환생한 존재로서(레[Re]로서) 그 땅을 지배했다.

성경의 모세 탄생 이야기는 분명히 세트와 호루스 사이의 이 유명한 갈등 신화를 반영하며, 특히 호루스 탄생 이야기라고 불리는 그 신화의 일부분을 반영한다. 두 이야기 사이의 기본적인 병행은 다음과 같다.

---

17  Henri Frankfort, *Kingship and the Gods* (Chicago: University of Chicago Press, 1948), 126.

  고대 근동 신들과의 논쟁

| 호루스의 탄생 | 모세의 탄생 |
|---|---|
| 위험에 처한 아기: 그를 죽이려고 하는 세트 | 위험에 처한 아기: 그를 죽이려고 하는 파라오(출 1:15-22) |
| 어머니의 역할이 강조됨: 이시스는 자신의 아기인 호루스를 보호하려고 노력한다. | 어머니의 역할이 강조됨: 요게벳은 아기 모세를 보호하려고 노력한다(출 2:2). |
| 이시스는 아기를 파피루스 숲 안에 숨긴다. 이야기의 후대 판에서는 파피루스 바구니에 숨긴다. | 요게벳은 아기를 파피루스 바구니에 넣고 나일 강둑에 있는 갈대 밭 안에 숨긴다 (출 2:3). |
| 가족 관계인 두 번째 여자가 아기의 수호자 역할을 한다: 호루스의 고모인 네프티스 (Nephthys) | 가족 관계인 두 번째 여자가 아기의 수호자 역할을 한다: 모세의 누이인 미리암 (출 2:4) |
| 이시스는 아기에게 젖을 먹인다 | 요게벳은 파라오의 딸의 선처로 아기에게 젖을 먹인다(출 2:7-9) |
| 토트 신이 와서 이시스와 호루스를 도와준다. | 야웨가 와서 온 이스라엘을 도우신다 (출 2:23-25). |
| 호루스는 파라오 안에서 환생한, 이집트의 첫 번째 나라의 신으로 등극한다. | 모세는 파라오의 손에서 이스라엘 백성을 구원하는 지도자로 부상한다. |

모세 탄생의 이집트 배경은 호루스 신화와 연관성을 보여주는 중요한 요소이며, 이는 사르곤의 전설과 관련해서는 없는 점이다. 성경 기사의 성질과 분위기는 다른 어떤 곳도 아닌 이집트로 우리를 인도한다. 더욱이 성경 내러티브는 시대착오적인 것으로 보이지 않으며, 고대 이집트의 관습과 관행들을 적절하게 반영한다. 탄생 기사 자체는 이집트의 어휘도 포함한다. 예를 들어 모세가 태어난 후 요게벳은 그를 석 달 이상은 숨길 수가 없었으며, 아기를 *tebat gome'*("갈대 상자", 출 2:3) 안에 넣는다. 두 번째 단어인 *gome'*는 "파

피루스"를 뜻하는 이집트 단어다. 첫 번째 단어인 *tebah* 역시 문자적으로는 "상자, 관"을 의미하는 이집트어다. 고대 이집트인들은 긴 갈대로 만들어진 배를 사용했다고 알려져 있었다(사 18:1-2). 그래서 아기를 위험으로부터 구원하는 수단인 이 상자는 온통 이집트라고 쓰여 있는 것과 마찬가지다.

어휘상의 연관성을 확고하게 해 주는 또 다른 사례는 아기의 이름을 "모세"라고 지은 것이다. 이 이름은 "끌어내다"를 의미하는 히브리 동사 "마샤"(*mashah*)에서 온 것이며, "물에서 그를 끌어냈던" 파라오의 딸의 행동을 반영한다(출 2:10). 그러나 그 이름은 또한 "~의 아들"을 의미하는 이집트의 흔한 단어다. 많은 이집트 이름은 "다른 단어들과 함께 그 단어를 사용한다. 그러한 예로는 (투트[Thut]의 아들인) 투트모시스(Thutmosis)와 (아[Ah]의 아들인) 아모시스(Ahmosis)를 들 수 있다. 그러나 '모세'라는 소유격 이름에는 목적어가 없다. 그는 단순히 '~의 아들'인 것이다. 이것은 아마도 모세가 이집트의 아들이 아니라 이스라엘의 아들이라는 점을 강조하기 위해 성경 저자가 사용한 언어 유희일 것이다."[18]

렌즈버그(Rendsburg)는 "증거를 종합해보면 결과는 명확하다. 이집트를 배경으로 한 성경 이야기가 잘 알려지고 인기 있던 이집트 신화를 반영한다는 사실은 놀랍지 않다"[19]라고 올바른 결론을 내린다. 두 이야기 사이의 연관성은 밀접하고 명확하다. 그러나 우리

---

18 John D. Currid, *Exodus*, vol. 1 (Darlington, UK: Evangelical Press, 2000), 64.
19 Rendsburg, "Moses as Equal to Pharaoh," 207.

　　　　　　　　　　　　　고대 근동 신들과의 논쟁

는 이 장에 대해 처음부터 가졌던 의문인, 그 관계의 정확한 성질은 무엇인가, 혹은 그것들의 연관성은 무엇인가와 같은 의문을 여전히 갖고 있다.

## 히타이트 이야기

히타이트 문헌에는 신들에게서 태어난 아기가 직접적이고 큰 위기에 처한다는 내용을 주요 주제로 한 이야기가 적어도 세 개나 있다. 그러나 그 아기는 위험으로부터 구조되며, 신들의 지도자이자 중요한 신으로 성장한다. 그러한 첫 번째 이야기는 「울리쿰미스의 노래」(Song of Ullikummis)라고 불린다.[20] 이 이야기는 원래 기원전 2천 년대 중반의 후르리인들의 이야기다. 그러나 이것은 기원전 14-13세기 히타이트의 수도인 하투사(Hattusa)에서 나온 서판들에서 완전한 형태로 발견된다. 그것은 "신들의 아버지"인 쿠마르비(Kumarbi) 신이 아들을 낳고, 그 아들이 자라나서 신들 중에 있는 아버지의 원수들에게 복수하고자 한다는 이야기를 들려준다. 쿠마르비는 이슈타르가 "아기를 갈대처럼 짓밟지 못하도록" 아기를 지하 세계에 있는 친구들에게 숨긴다. 울리쿰미스라는 이름을 가진 그 아기는 구조되어 안전한 곳에 남게 되며, 아버지의 복수를 위해 그곳에서 성장하게 될 것이었다. 어른이 된 울리쿰미스는 다른 모든 신에게 위협적인 존재가 된다.

「태양신과 암소」(The Sun-god and the Cow)라고 불리는 히타이

---

20 Pritchard, *Ancient Near Eastern Texts*, 121-125.

트의 두 번째 이야기는 또 다른 탄생 신화이다.[21] 이 이야기는 태양신이 암소를 임신시켜 암소가 다리가 두 개인 송아지를 낳았다고 서술한다. 암소는 송아지 다리가 네 개여야 하는데 두 개 밖에 없기 때문에 화가 나서 그 송아지를 죽이려고 한다. "암소는 사자처럼 입을 벌리고 아기에게 돌진해서 (그것을?) 먹으려고 했다."[22] 그러나 태양신은 아기를 구조하고 산으로 데리고 가서 그곳에 있는 동물들의 보호를 받게 한다. 결국 아기는 자녀가 없는 어부에게 발견되고, 어부는 아기를 집으로 데리고 간다. 어부와 그의 아내는 아기를 키우기로 결심한다. 그러나 먼저 그들은 이웃들에게 그들이 아기를 낳았다는 확신을 주려고 계획을 짠다. 이야기는 이 지점에서 끝나지만, 아직 발견되지 않은 다른 서판에서 이야기가 계속된다는 것은 자명하다.

세 번째 이야기는 종종 「잘파 성」(The City of Zalpa)이라고 불리며, 앞선 두 이야기처럼 기원전 2천 년대 중반에 비롯되었다. 이야기 대부분은 히타이트의 수도인 하투사와 중앙 아나톨리아에서 하투사

---

21  이 신화는 때로 「어부 이야기」(The Tale of the Fisherman)라고 불리기도 한다. 이를 훌륭하게 번역한 것은 Harry A. Hoffner, Jr., "The Sun God and the Cow," in *The Context of Scripture*, ed. William W. Hallo and K. Lawson Younger, Jr., vol. 1 (Leiden, Netherlands: Brill, 1997), 155-156에 있다. 그 본문에 대한 주석서로는 Hans G. Gutterbock, *Kumarbi* (Zürich: Europa Verlag, 1946); 같은 저자, "The Hittite Version of the Hurrian Kumarbi Myths: Oriental Forerunners of Hesiod," *American Journal of Archaeology* 52/1 (1948): 123-124; Harry A. Hoffner, Jr., "Hittite Mythological Texts: A Survey," in *Unity and Diversity*, ed. Hans Goedicke and J. J. M. Roberts (Baltimore: Johns Hopkins University Press, 1975), 136-145을 보라.
22  Hoffner, "Sun God and the Cow," 155.

  고대 근동 신들과의 논쟁

북쪽에 위치한 성인 잘파 사이에 3대에 걸쳐 벌어진 전쟁을 중심으로 한다. 이야기의 결말에서 잘파 시는 파괴된다. 전체 이야기의 서막은 카네쉬(Kanesh) 시에서 일어난 원시의 사건들을 다룬다. 기록된 사건 중 하나는 다음과 같다.

> 카네쉬(Kaneš)의 여왕은 일 년 만에 30명의 아들을 낳았다. 그녀는 "이것이 무엇인가? 내가 한 무리를 낳았도다!"라고 말했다. 그녀는 물이 새지 않도록 용기를 기름으로 막고 그 안에 아들들을 넣은 다음, 강물에 띄웠다. 용기는 강물을 따라 바다까지 떠내려갔으며 잘파 땅에 이르렀다. 그리고 신들은 아들들을 바다에서 건져내어 키웠다.[23]

"선한 형제와 악한 형제" 이야기와 같은 다른 히타이트의 신화도 유사한 플롯-모티브를 갖고 있다. 그러나 이것들을 전부 다룰 필요는 없다. 우리는 단지 히타이트 문헌들 안에 이 모티브가 많이 존재한다는 사실을 인정할 필요가 있다.

## 분석

우리가 보았듯이, 박해받는 아기라는 모티브는 고대 근동에서 흔한 모티브다. 대부분의 이야기에서 극의 기본 플롯은 위기에 처한 아기가 구조되고 성장하여 위대한 지도자 및 구속자가 된다는 것

---

23  John M. Foley, ed. *A Companion to Ancient Epic* (Oxford: Blackwell, 2005), 262.

이다. 모세에 대한 성경 이야기는 이 패턴과 명확하게 일치한다. 이 것은 히브리인 아기가 이집트 파라오의 박해를 받고, 구원을 받으며, 이스라엘의 지도자이자 구원자가 될 운명이 있음을 묘사하는 이야기다. 또한 모세 이야기의 많은 세부사항은 다른 기사에서도 발견된다. 나는 앞선 연구에서 이러한 많은 병행을 강조하려고 시도했다. 내가 볼 때 구조와 흐름 및 세부사항의 병행은 우연의 일치가 아니다. 그 관계는 명백하고 확실해 보인다. 그러나 그 연관성은 정확하게 어떤 성질의 것인가? 하나가 다른 이야기를 빌려온 것인가? 이야기들 사이에는 의존성이 존재하는가?

그 관계를 이해하는 데 도움을 줄 만한 다른 주장들을 살펴보기 전에, 성경 기사와 고대 근동 이야기들 사이에 결정적인 차이점들이 있음을 보는 것이 중요하다.[24] 차이점들은 매우 크며, 그것들은 이교를 믿는 주변 나라 사람들과 히브리인들의 견해 차이의 핵심이 된다. 히브리 세계관 및 생명관의 독특하고 예외적인 성격은 그런 비교를 통해 강조된다.

1. **고대 근동의 허구**: 앞서 논했듯이, 이스라엘 주변의 이교도들 에게서 온 탄생 기사들은 모두 신화이거나 전설이다. 달리 말해서 그것들은 신들 혹은 반인반신 혹은 영웅들의 영역에 초점을 맞춘다. 전설들의 경우 역사적 사실이 어쩌면 한두 개 정

---

24　제4장에서 나는 이 문제를 고대 근동의 홍수 기사들과 관련하여 자세하게 다루었다. 그 장을 다시 한번 살펴보는 것이 독자에게 도움이 될 것이다. 분명히 중복되는 내용이 있지만 그것은 예상되는 것이다.

　　　　고대 근동 신들과의 논쟁

도는 있을 것이다. 그런데도 거기에는 역사로 흔히 이해되는 것들이 대개 빠져 있다. 모세의 탄생 이야기는 이러한 이야기들의 요소를 많이 반영하지만, 신화나 전설의 영역에서 일어나지 않기 때문에 차이가 있다. 달리 말하자면, 고대 근동 문헌에서는 단순히 신화와 전설이었던 것이 이스라엘에서는 진정한 역사였다. 하나님은 진실로 구속자를 불렀으며, 그를 큰 위기로부터 구하셨고, 그는 이스라엘 백성의 구속자가 되었다. 이교의 상황에서는 신화였던 것이 이스라엘에서는 사실이었다. 신화는 사실이 되었다.

2. **고대 근동 신학**: 모세의 탄생과 삶의 이야기는 우주와 분리되어 있지만 우주의 작동을 결정하는 하나님의 섭리적인 실재성을 부각한다. 그러므로 야웨는 초월적이면서도 내재적이시다. 이와 대조적으로, 고대 근동의 다른 우주 창조설들은 우주의 구조와 작동을 자연을 의인화하는 신들과 관련하여 설명하려고 했다. 고대 이교 저자들은 내적으로 우주의 질서를 잡아갔던 요인들을 사색적으로 탐구하고 그것들을 신이라고 불렀던 반면, 히브리 저자들은 우주를 창조하고 계속해서 유지했던 외부의 힘을 제시했다. 고대 이스라엘의 우주 창조설은 우주를 시작했으며 우주의 작동에 대해 완전한 주권을 가진 유일한 하나님(유일신 사상)에 대한 히브리인의 독특한 믿음에 근거한다. 구속자 모세의 탄생 기사는 전부 야웨의 의지와 목적 및 계획에 따라 전개되었다.

3. **고대 근동의 인류학**: 또한 이스라엘의 저자들은 인간을 우주의

작동에 중요하고 필수적인 존재로 이해했다. 인간은 위대한 목적을 가진 존엄한 피조물이었다. 인간은 종으로 만들어지지 않았고, 왕자와 지배자, 창조의 절정이 되도록 만들어졌다. 히 브리 탄생 기사에서 인간은 무대 중심을 차지하며, 하나님의 구속 역사를 펼치는 데 있어 절대적으로 중요하다. 그러나 이 교의 탄생 기사에서 인간은 (아마도 반인반신이 된 사르곤을 제외 하고는) 있어도 좋고 없어도 좋은 존재다. 사실 고대 근동을 통 틀어서 지배적인 인류학적 주제는 인류가 신들의 종이 되고 그들의 모든 변덕을 맞춰주기 위해 창조되었다는 믿음이다. 인간들은 신들의 신화적 이야기들 안에서 이차적인 존재이며, 단역 배우에 불과하다.

## 논쟁적인 각도

박해받는 아기라는 모티브가 고대 근동 전역에서 나타남에도 불구 하고, 성경의 모세 탄생 이야기는 이집트의 호루스 신화를 가장 닮 아 있고 그것을 확실히 반영한다.[25] 모세의 탄생 배경이 이집트이기 때문에, 그것은 충분히 일리가 있다. 사실 성경 저자가 잘 알려진 이 집트의 신화를 반영하는 것은 논쟁적인 이유에서였을 것이다. 달리 말해서 성경 저자는 이교의 유명한 신화를 가져다가, 이집트를 조롱 하고 히브리 세계관 및 생명관의 진리를 강조하기 위해 그것을 전복

---

25  Hoffmeier는 *Israel in Egypt*, 139에서 병행이 단지 주제적인 측면에서만 있지는 않 음을 보여준다. 빌려온 이집트 단어 여러 개가 출 2:1-10에서 사용된다. 이것은 두 기사 사이의 연관성을 확인하는 데 도움이 된다.

　　　　　　　　　　　　고대 근동 신들과의 논쟁

시킨다. 논쟁의 중심에는 이집트 왕에 대한 조롱이 있다.

더욱이 성경 저자는 모세를 파라오와 동등한 인물로 제시하려고 신성한 호루스 신화를 사용했다. 젊은 모세는 살아 있는 파라오에 버금가는 신화적 인물인 젊은 호루스와 유사하다. 동시에 성경 이야기에서 파라오는 이집트의 박해받는 자, 즉 호루스의 신화적인 지위로부터 박해자의 위치, 곧 셋의 위치로 바뀌어 있다.[26]

달리 말해서, 이집트 사상에서는 파라오가 박해받은 호루스가 환생한 자라고 가르치지만, 성경 저자는 파라오가 사실은 박해받는 호루스가 아니라 박해자인 세트라고 말하고 있다! 반면에 모세는 유아기의 박해를 극복하고 살아남으며 성장하여, 세트를 상징하는 파라오라는 사악한 인물에게서 그의 백성을 구해내는 호루스라는 인물상이다. 이러한 아이러니한 반전은 호루스 신의 살아 있는 상징이라는 파라오와 그의 지위에 대해 엄청난 공격을 가하는 논쟁이다.

---

26  Rendsburg, "Moses as Equal to Pharaoh," 207-208.

제7장

# 시누헤(Sinuhe)와 모세의 도주

이제까지 우리가 목격했던 논쟁 신학은 대부분 성경 이야기와 고대 근동 신화 사이의 관계를 다루었다. 비옥한 초승달 지역의 홍수와 창조에 관한 이야기들은 신들의 영역 안에서 일어나며, 그 성질상 허구적이고 민간전승적이다. 이 신화들의 중심에는 다신론 및 신 기원설과 같은 개념이 있다. 이제까지 내가 제시하려고 시도했던 것처럼, 그런 신학적 사상과 토대는 히브리인들의 세계관과 동떨어졌으며 적대적이다. 성경 저자들은 확고한 일신론주의자이며 야웨 신앙주의자이다. 히브리 종교 안에는 이방의 이교 사상이 들어설 자리가 없다. 그러므로 그들은 자신들의 저술 안에서 고대 근동의 신화를 비웃는 경우가 종종 있다. 논쟁은 이교 신화를 조롱하고 비하하는 한 방식이다.

그러나 논쟁 신학은 단순히 신화를 조롱하는 데서 그치지 않는다. 그것은 역사적 내러티브, 시가, 허구적 내러티브 등을 포함한 다른 장르에도 적용될 수 있다. 여기서 우리는 이 분야에서 작용하는 논쟁의 주요 사례 하나를 살펴볼 것이다. 그것은 시누헤 이야기와 출애굽기 2:11-22이다.

## 시누헤 이야기

존 반 세터스(John Van Seters)는 "시누헤 이야기는 고대 이집트 문학의 고전이라고 당당하게 말할 수 있는 중왕국의 문학 작품이다"라고 옳게 해설한다.[1] 그 이야기는 다섯 개의 파피루스와 20개 이상의 도편(ostraca)에서 발견되었다.[2] "단편적이기는 해도, 이 작품의 사본이 많다는 것은 이것이 매우 인기가 많았음을 증명해 주는데, 이 작품은 중왕국의 산문 문학 중에서 가장 훌륭한 작품으로 간주된다."[3] 그 이야기는 이집트인들의 강한 애국심, 파라오에 대한 충성심, 그리고 나일강둑에서 일생을 마치고자 하는 열망 등을 강조하기 때문에 인기가 있었다. 이런 점에서 시누헤라는 인물은 진정한 이집트의 아들이다.

시누헤 이야기의 가장 최초의 사본은 이집트의 중왕국에 속하는 12대 왕조 시대(기원전 1991-1783년)의 것으로 추정된다. 그 문헌은 12대 왕조의 파라오인 아메네메트(Amenemhet) 1세(기원전 1991-1962년)가 사망했을 때부터 그의 후계자 센우스레트(Senwosret) 1세의 재위까지(기원전 1971-1926년) 이어지는 것으로 추정되는 이야기를 서술한다. 그러므로 (베를린 파피루스[P. Berlin] 3022라고 명명된) 이 최초의 파피루스의 저술 시기는 이것이 기록하는 사건들

---

1 John Van Seters, *In Search of History* (New Haven, CT: Yale University Press, 1983), 164.
2 Ostracon은 그 위에 글자가 기록된 도자기 파편(사금파리)이다.
3 Miriam Lichtheim, *The Old and Middle Kingdoms*, vol. 1 of *Ancient Egyptian Literature* (Berkeley: University of California Press, 1973), 222.

이 일어난 것으로 추정되는 시기에 가깝다. 또한 내러티브와 그 세부사항은 이야기가 다루는 시대와 일치하므로, 이 기사는 신빙성이 있다. 이것이 역사적인 기사인지는 논쟁의 주제다. 조르주 포즈네(Georges Posener)는 이것이 무덤 자서전(고대 이집트에서 묘의 벽에 새긴 자서전 — 역주)을 모형으로 한, 완전히 허구적인 작품이라고 주장한다. 그는 "이 저술은 소설이라고 불러도 된다"[4]라고 말한다. 다른 학자들은 이것이 무덤 자서전이 아니며, 이 문헌의 여러 요소는 이집트 문학의 다른 장르들에서도 공통으로 볼 수 있는 것이라고 주장한다. 어쨌든 진짜 문제는 이 이야기가 사실인지 아닌지를 떠나서, 이집트 12대 왕조 시기의 역사적 상황을 어느 만큼이나 반영하느냐이다. 나는 그 대답이 명확하다고 믿는다.

> 역사비평에 근거해 볼 때, 그 이야기가 아메네메트 1세 암살 이후 불안했던 센우스레트 1세의 재위 초기 이집트의 정치적 상황과 그의 재위 말 정치적 안정의 회복, 둘 다를 정확하게 보여준다고 결론내릴 수 있다.[5]

여러 가지를 고려해볼 때, 시누헤 이야기의 문학 유형은 역사적 허구라고 보는 것이 가장 타당할 것이다.[6]

---

4  Georges Posener, "Literature," in *The Legacy of Egypt*, ed., John R. Harris, 2nd ed. (Oxford: Clarendon 1971), 232.

5  Van Seters, *In Search of History*, 165-166.

6  참조. John L. Foster, "Sinuhe: The Ancient Egyptian Genre of Narrative Verse," *Journal of Near Eastern Studies* 39/2 (1980): 89-117.

   

이야기는 이집트의 궁중 관리인 시누헤의 지위를 묘사하며 시작한다.[7] 그는 아메네메트 1세의 딸이자 그의 후계자 센우스레트 1세의 아내인 네프루(Nefru)의 시중을 들었기에, 이집트 왕좌에 아주 가까운 자리에서 일하는 시종이었다. 시누헤는 일을 하던 중, 왕가의 자녀들이 모종의 음모를 꾸미는 것을 엿듣는다. 독자는 반역의 목적에 대해 아무것도 듣지 못하지만, 그것은 아마도 기원전 1962년에 일어났던 아메네메트 1세의 암살이었을 것이다. 그 음모를 들은 시누헤는 몹시 두려워한다. 그는 "심장이 뛰고 팔이 힘없이 축 늘어지며 사지가 덜덜 떨려왔다"라고 말한다.[8] 시누헤는 자신이 반역에 휩쓸리게 될까 봐 두려워한 것이 분명하다.

그래서 시누헤는 이집트에서 도주한다. 처음에 그는 이집트의 동쪽 광야로 달려가며, 마침내 "지배자의 담"이라고 불리는 장소에 다다르게 된다. 본문에 따르면 이것은 "아시아인들을 물리치고 사막 여행자들을 진압하기 위해 만들어진" 일종의 장애물이었다. 이것은 지중해에 있는 펠루시움(Pelusium, 나일강 삼각주 동쪽 끝에 있는 중요 도시 ―역주)에서 와디 투밀랏(Wadi Tumilat) 동쪽에 있던 팀세(Timseh) 호수까지 이어지는, 이집트인들이 건설했던 대운하를 가리켰을 수

---

7  시누헤 이야기에 대한 문헌은 방대하다. 그에 대해 잘 알려진 작품들을 제외하고, 나는 다음의 문헌들이 유익하다고 생각한다. A. M. Blackmon, "The Story of Sinuhe," *Bibliotheca Aegyptica 2* (1932): 1-41; Cyrus H. Gordon, "The Marriage and Death of Sinuhe," in *Love and Death in the Ancient Near East: Essays in Honor of Marvin H. Pope*, ed., John H. Marks and Robert M. Good (Guilford, CT: Four Quarters, 1987), 43-44; A. F. Rainey, "The World of Sinuhe," *Israel Oriental Studies 2* (1972): 1-40.

8  Lichtheim, *Old and Middle Kingdoms*, 224. 이것은 뒤따라오는 모든 번역의 출처다.

있다.[9] 그것의 넓이는 바다에서는 20미터이며, 수면에서는 70미터이다. 운하는 첫 번째 중간기(약 기원전 2134-2040년) 혹은 중왕국 시기(약 기원전 2040-1640년)에 건축되었다. 이것의 일차적 기능은 방어와 봉쇄였다. 즉 아시아인들의 접근을 막고, 노예들을 안에 가두어 두는 것이다. 어쨌든 시누헤는 사막 끝까지 도망을 가서 이집트 병사들에게 발각되지 않으려고 나무 뒤에 몸을 숨긴다.

그런 다음 그는 더 멀리 광야까지 도망하며, 그곳에서 갈증으로 죽을 지경에 이른다. 그러나 한 족장이 그에게 물과 우유를 주고, 그를 자신의 부족으로 받아들인다. 시누헤는 그곳에서 지중해 바닷가에 있는 비블로스(Byblos)까지 옮겨가며, 결국 케뎀(Qedem)에 정착한다. 그 지역의 왕은 그의 딸을 시누헤에게 아내로 주며 그 땅에서 살아갈 풍요롭고 좋은 지역을 고르도록 해준다. 시누헤가 "나는 몇 년을 보냈다. 나의 자녀들은 강한 사람들이 되었으며 각각 자기 부족의 주인이 되었다"라고 말하는 것처럼, 그는 그곳에서 번창하며, 농사를 짓고 자녀들을 키우는 데 많은 세월을 보낸다.

그러나 시누헤는 그의 고향인 이집트로 돌아가고 싶은 마음이 간절했다. 나이가 들자, 그는 그리움에 겨워 다음과 같이 선포한다.

이집트의 왕이 내게 자비를 베풀어주셔서 내가 그의 자비로 인해 살게

---

9    A. Sneh, T. Weissbrod, and I. Perath, "Evidence for an Ancient Egyptian Frontier Canal," *American Scientist* 63 (1975): 542-548; W. H. Shea, "A Date for the Recently Discovered Eastern Canal of Egypt," *Bulletin of the American Schools of Oriental Research* 226 (1977): 31-38.

   고대 근동 신들과의 논쟁

되기를! 궁전에 있는 그 땅의 여왕을 맞을 수 있게 되기를! 그녀의 자녀들의 명령을 들을 수 있게 되기를! 내 몸이 다시 젊어질 수만 있다면 얼마나 좋을까!

그런데 파라오가 시누헤의 소식을 듣게 된다. 시누헤의 소원을 들은 센우스레트 1세는 시누헤에게 집으로 돌아오라고 부른다. "이집트로 돌아오라"라고 말한 것이다. 시누헤는 결국 이집트로 돌아가며, 궁전에서 파라오를 알현한다. 왕은 그를 반갑게 맞아들이고, 모든 것을 용서한다. 그리고 시누헤는 왕족 사회에 다시 받아들여진다. 이집트 사람들은 그를 위해 피라미드 무덤을 건설한다. 그렇게 시누헤는 종국에 진실하고 충성스러운 이집트인으로서 파라오 옆에 매장된다.

### 시누헤 이야기의 구조

시누헤 이야기의 내러티브 구조 분석에서, 로빈 킹(J. Robin King)은 그 기사의 순서를 열 가지 주요 단계로 정의했다.[10] 그것들은 다음과 같다.

1. 초기 상황              2. 위협
3. 실현된 위협           4. 망명

---

10   J. Robin King, "The Joseph Story and Divine Politics: A Comparative Study of a Biographic Formula from the Ancient Near East," *Journal of Biblical Literature* 106 (1987): 577-594.

5. 망명 중에 거둔 성공　　　　6. 망명 중의 갈등
7. 망명 중의 승리　　　　　　8. 극복된 위협
9. 귀환과 화해　　　　　　　　10. 에필로그

킹은 이 내러티브 순서를 네 가지 다른 고대 근동 전기와 비교한다. 그것들은 이드리미(Idrimi) 이야기, 하투실리스(Hattusilis)의 사과, 에사르하돈(Esarhaddon)의 왕좌를 위한 투쟁, 나보니두스(Nabonidus) 와 그의 신이다. 킹은 다음과 같이 결론을 내린다.

> 고대 근동 지역의 이 특정한 종류의 전기 뒤에는 기본적이고 변함없는 이야기 형태가 있다. 즉 처음에는 (초기의 후원자 때문에) 특권을 누리며 살던 영웅이 위협을 받아 결국 도망을 가야만 하는 신세가 되지만, 망명 중에 그는 후원을 받는다. 그리고 신적인 조력자의 도움으로 돌아와 그의 이전 공동체와 화해할 수 있게 되며, 그들과 화평을 누리며 살게 된다는 것이다.[11]

물론 "망명-귀환" 모티브를 가진 이야기들이 열 단계를 다 포함하지는 않기 때문에, 패턴에는 유연성이 있다. 또한 이야기에 따라 한 단계가 다른 단계보다 더 많은 내용을 담을 수도 있다. 그리고 모티브에 내러티브가 확장되거나 축소될 수 있는 여지는 있다.

---

11　Ibid., 584-585.

　　　　　　　　　　　　　　　　고대 근동 신들과의 논쟁

## 출애굽기 2장의 "망명-귀환" 모티브

출애굽기 2:11-22에 기록된 모세의 애굽으로부터의 도주 이야기는 고대 근동의 "망명-귀환" 모티브와 대략 일치한다. 앞서 정의된 여러 단계는 대부분 성경 기사 안에서 쉽게 발견할 수 있다.

| 내러티브 단계 | 출애굽기 |
| --- | --- |
| 1. 초기 상황 | 1. 모세는 파라오의 딸의 후원 아래 이집트 왕궁에서 산다(출 2:10) |
| 2. 위협 | 2. 모세는 이집트인을 죽이고 히브리 노예로부터 살인을 폭로하겠다는 위협을 받는다 (출 2:11-14) |
| 3. 실현된 위협 | 3. 파라오는 모세를 죽이려고 한다 (출 2:15a) |
| 4. 망명 | 4. 모세는 광야로 도망한다(출 2:15b) |
| 5. 망명 중에 거둔 성공 | 5. 르우엘의 딸들을 구조해 준 후에, 모세는 십보라와 결혼하여 아들을 낳고 미디안 땅에서 잘 지낸다(출 2:21-22) |
| 6. 망명 중의 갈등 | 6. 모세는 미디안의 우물에서 목자들과 대결한다(출 2:16-17) |
| 7. 망명 중의 승리 | 7. 모세는 르우엘의 딸들을 목자들로부터 구해주며 그들의 양떼에게 물을 준다 (출 2:17) |

그러나 이 단계 이후로는 비교 점들이 덜 명확해진다.

| 8. 극복된 위협 | 8. 모세가 이집트로 돌아올 때, 파라오가 패배하는 긴 이야기가 이어진다 (출 4-14장) |
| --- | --- |
| 9. 귀환과 화해 | 9. 모세는 이집트로 돌아온다 (출 4:18-31) |
| 10. 에필로그 | 10. 모세는 이스라엘을 이집트에서 이끌어 내어 약속의 땅으로 데리고 간다(출 15장 이하) |

시누헤 이야기와 출애굽기 2:11-22의 이야기가 주제 면에서 다수의 병행이 있고 유사한 세부사항이 많이 있음에도 불구하고, 두 이야기는 한 가지 주요한 영역에서 차이가 난다. 그것은 아주 현저하게 대비되는 결말이다. 이 점에서 첫 번째로 고려해야 할 사항은 주요 인물인 시누헤와 모세가 아시아에 정착하면서 이집트 땅에 대해 정반대의 감정을 갖는다는 점이다. 시누헤는 그가 태어난 땅이며 그의 민족이 있는 이집트를 매우 그리워하며 돌아가고 싶어 한다. 그는 진실로 이집트의 아들인 것이다. 반면 모세에게는 그러한 소원이 없다. 이집트로 돌아가라는 하나님의 부름을 받았을 때, 모세는 소명으로부터 뒷걸음질 치며 이집트로 돌아가지 않으려고 수많은 핑계를 만들어낸다(출 3:11-13; 4:10-17). 현실은 모세가 이집트의 아들이 아니라는 것이다. 신약의 히브리서 저자는 이 진리에 대해 다음과 같이 해설한다.

믿음으로 모세는 장성하여 바로의 공주의 아들이라 칭함 받기를 거절하고 도리어 하나님의 백성과 함께 고난받기를 잠시 죄악의 낙을 누리는

것보다 더 좋아하고 그리스도를 위하여 받는 수모를 애굽의 모든 보화
보다 더 큰 재물로 여겼으니 이는 상 주심을 바라봄이라. 믿음으로 애굽
을 떠나…(11:24-27a)

모세는 진실로 야웨의 아들이며, 이스라엘의 아들이다!

그래서 모세의 이집트 도주와 귀환에 대한 성경 기사는 매우 반
(反)이집트적이다. 일반적으로 알려진 이집트 문학에 능통했던 히브
리 저자는 시누헤의 이야기를 가져다가 그것을 뒤집어놓는다. 저자
는 논쟁적인 결말을 사용함으로써 이집트와 이집트의 국수주의 열
정을 조롱한다. 모세는 이집트나 이집트 왕의 신성을 열망하지 않
는다. 그는 오로지 야웨를 섬기기만을 갈망한다.

제8장

출애굽기 3장과 이집트의 하늘 암소의 책

"스스로 있는 자"는 누구인가?

논쟁적 사고와 저술은 고대 근동 문학에서 히브리인들이 독점했던 분야가 아니다. 그것은 그들만의 특징이 아니었다.[1] 다른 민족들 사이의 문화적 접촉과 관련된 모든 문제에서 그렇듯이, 문화적·문학적·종교적·사회정치적 이동과 교환은 쌍방향으로 이루어진다. 이 장에서 우리는 이집트의 문학과 구약 사이에 잘 알려지지 않은 병행에 대해 생각해볼 것이다. 이집트의 문헌은 「하늘 암소의 책」이다. 이것은 히브리 신학의 주요 신학적 기조에 대응하는 고대 이집트인들의 논쟁 신학의 한 사례라고 할 수 있다.

## 기원

이집트의 「하늘 암소의 책」은 아마도 "고대 이집트의 확장된 신화적 내러티브 중 가장 오래된 것"일 것이다.[2] 이것은 아마르나(Amarna)

---

1    예를 들어, Michael V. Fox, "Ancient Egyptian Rhetoric," *Rhetorica* 1 (1983): 9-22; Miriam Lichtheim, *The Old and Middle Kingdoms*, vol. 1 of *Ancient Egyptian Literature* (Berkeley: University of California Press, 1973), 3-12를 보라.



고대 근동 신들과의 논쟁

시대 이후 신왕국 시대인 기원전 13세기에 처음 나타난다. 그 문헌은 이집트 19대 왕조(약 기원전 1307-1196년)로 거슬러 올라가는 세 개의 왕묘 벽에 새겨져 있다. 또한 이것은 오늘날 룩소르(Luxor)의 왕의 계곡에 있는 왕릉 여러 곳에서 볼 수 있다. 그 문헌의 일부는 투탕카멘(Tutankhamen)의 묘에서도 나타난다. 이 책의 완전한 사본은 세티 1세(약 기원전 1300년대)의 묘에서 발견되었다.

그러나 이 문학 작품은 기원전 13세기보다 훨씬 더 이른 시기에 저술되었을 가능성이 있다. "인류의 멸망"이라고 종종 지칭되는 그 문헌의 첫 번째 장은 "메리카레를 위한 교훈"(The Teaching for Merikare)이라는 문헌에서 인용되는데,[3] 후자의 문서는 첫 번째 중간기(기원전 약 2134-2040년)에 처음 나타난다. 어떤 학자들은 「하늘 암소의 책」이라는 문서 전체가 아마도 중왕국(기원전 2040-1640년) 시대에 저술되었을 것이며, 출애굽 사건보다도 더 앞선 시기일 것이라고 믿는다.

## 장르

「하늘 암소의 책」의 저술 유형은 "신화적 내러티브"라고 보면 가장 좋을 것이다. 이 문서의 주제는 신화적이다. 즉 이 문서는 신들의 영

---

2   William K. Simpson, ed., *The Literature of Ancient Egypt* (New Haven, CT: Yale University Press, 2003), 289.

3   Ibid., 152-165. 참조. James B. Pritchard, *Ancient Near Eastern Texts Relating to the Old Testament*, 2nd ed. (Princeton, NJ: Princeton University Press, 1955), 414-418.

역을 다룬다.[4] 그러므로 이것은 역사적이지도 않고, 우리가 알고 있는 시대에 일어난 사건도 아니다. 그러나 이것은 시 형태로 저술되지 않았다. 그 이야기는 직선적으로 앞을 향해 이동하는 역사적인 진전이 있다. 그리고 그것은 확실하게 이집트의 산문 형태로 저술된다.

## 기본 이야기

지적했던 대로, 「하늘 암소의 책」의 도입 장면은 종종 "인류의 멸망"이라고 지칭된다. 이 신화는 태양신 레(Re)가 인류가 그를 대상으로 꾸미는 음모를 알게 되면서 시작한다. 레는 그 문헌에서 인류의 음모에 취약한 존재로 그려진다. 실제로 레는 다음과 같이 묘사된다. 레는 "나이가 들고 뼈는 약해졌으며, 살은 누렇게 되고 머리카락은 푸르스름하게 되었다"(2-3행).

인류의 반역 음모 때문에, 레는 지구상에서 인류를 완전히 멸망시키고 싶은 마음에 사로잡힌다. 반역에 대한 첫 반응으로 레는 그가 인류를 창조했을 때 그와 함께 있었던 신들과 회의를 연다. 그는 회의에서 "내 눈에서 나온 인류가 나에게 반역하는 음모를 꾸몄다"라고 말한다(9행).[5] 그래서 레는 신들의 조언을 구한다.

---

4　신화의 의미에 관해 가장 잘 논의해 놓은 것은 Paul Veyne, *Did the Greeks Believe in Their Myths? An Essay on Constitutive Imagination*, trans. Paula Wissing (Chicago: University of Chicago Press, 1988)에서 발견된다. 14쪽에서 Veyne은 "신화적 전승은 시간이 지나면서 전설과 함께 확대된 사실적 핵심을 전달한다"라고 말한다.

5　고대 이집트인들은 수많은 창조 신화를 갖고 있었다. 그 신화들 안에서는 여러 신이 다

나는 너희들이 이에 대해서 무슨 말을 하는지 들어볼 때까지는 그들을
죽일 수 없다(10행).

신들은 레에게 하늘의 여신 하토르(Hathor)를 보내어 인류를 가혹하
게 다루게 하라고 말한다. 그리고 그녀에게 인류를 멸망시키는 일이
맡겨진다. 그녀는 이에 순종하여 사막에서 살육을 시작한다. 그녀는
승리를 거두며, 자기가 하는 일을 분명히 즐긴다. 그녀는 다음과 같
이 말한다.

나는 인류를 제압했으며, 내 마음은 흡족했다(14행).

레는 대살육을 보고받은 후에 인류 멸망에 대해 다른 생각을 하게
된다. 레는 그가 보복한 일을 후회하고 반역한 인류를 동정한다. 그
는 하토르에게 "인류를 멸망시키는 일을 보류하라고" 명령한다(15
행). 레는 마음을 바꾸어, 미쳐 날뛰는 하토르로부터 인류를 구원
한다.

그런 다음 문헌은 창조 신화로 들어간다. 인류의 반역과 타락
한 본성의 결과로서, 레는 우리가 지금 알고 있는 우주가 생겨나게

---

른 방법으로 우주를 창조하는 것으로 묘사된다. 한 Pyramid Text(Utterance 600)는
아톰(Atum)이 가래를 뱉거나 침을 뱉어서 우주를 창조한 것으로 묘사한다. 그러한 문
헌에서 묘사된 또 다른 창조의 수단은 자위행위다. 레는 분명히 그의 눈물로 인류를 창
조한다. 이집트의 창조 기사들에 대한 개괄은 John D. Currid, *Ancient Egypt and the
Old Testament* (Grand Rapids, MI: Baker, 1997), 53-73을 보라.

한다. 그는 해와 달과 별을 창조하고, 그것들은 하늘에서 움직인다. 그 문헌과 함께 가는 상형문자에는 이집트인들이 우주 창조를 공기와 빛의 신인 슈(Shu)가 여덟 다른 신들의 도움을 받아 암소를 들어 올리는 것으로 묘사했다. 이 문헌의 현대 제목인 「하늘 암소의 책」은 이 묘사에서 온 것이다.

**특별한 병행**

지난 몇 십 년 동안 학계는 이집트와 히브리의 종교적·문화적 관습 사이에 놀라운 병행이 있음을 보여주었고 또한 그것을 강조해왔다. 이 주제에 대한 문헌은 아주 많다.[6] 지금까지 가장 흥미로운 병행 중 하나는 「하늘 암소의 책」이 성경의 출애굽기와 관련되는 부분에서 발견된다.

「하늘 암소의 책」을 시작하는 "인류의 멸망"이라는 장에서 레(Re)는 인류가 그에게 반역하지 못하게 할 것이라는 결단을 내리고, 다음과 같은 칙령을 발포한다.

---

6 　최근의 주요 저서에 대해서는 Currid, *Ancient Egypt and the Old Testament*; James K. Hoffmeier, *Israel and Egypt: The Evidence for the Authenticity of the Exodus Traditions* (Oxford: Oxford University Press, 1997); Donald B. Redford, *Egypt, Canaan, and Israel in Ancient Times* (Princeton, NJ: Princeton University Press, 1992); Nahum M. Sarna, *Exploring Exodus: The Heritage of Biblical Israel* (New York: Schocken, 1986)을 보라. 또한 독자는 잘 알려지지 않은 저서인 Rodger W. Dalman, *A People Come Out of Egypt: Studies in the Books of Exodus, Deuteronomy, and Judges* (Conrad, MT: Send the Light Press, 2002)를 참고하는 것이 좋다.



고대 근동 신들과의 논쟁

나는 스스로 있는 자이다. 나는 그들이 행동을 취하게 내려버려두지 않을 것이다.[7]

이 문헌에 대해 짧게 언급하는 이집트 학자인 에릭 호르눙(Erik Hornung)은 "하나님이 모세에게 이르시되 '나는 스스로 있는 자이니라' 또 이르시되 '너는 이스라엘 자손에게 이같이 이르기를 스스로 있는 자가 나를 너희에게 보내셨다' 하라"라고 기록하는 출애굽기 3:14과 이 문헌 사이의 연관성을 끌어낸다.[8] 이 절은 하나님이 불타는 떨기나무 가운데서 모세에게 자신의 이름을 알려주시는 장면을 묘사한다. 이집트 학자인 게르하르트 페흐트(Gerhard Fecht)는 병행이 분명하다는 호르눙의 견해에 동의한다. 그는 이 이집트 문헌에 대해서 이것이 "출애굽기 3:14의 '나는 스스로 있는 자이니라'("ich bin, der ich bin")를 연상시킨다"고 설명한다.[9]

두 구절 사이에는 의미상 병행이 있을 뿐만 아니라, 음성학과 어형론에서도 명백한 연관성이 있다. 출애굽기 3:14에서 계시된 히브리 하나님의 이름은 야웨(히브리어 *yhwh*)이며 이는 "있다"라는 히브

---

7  또는 "나는 스스로 있는 자이다. 나는 이것을 용인하지 않을 것이다"라고 옮길 수도 있다.

8  Erik Hornung, *Der Ägyptische Mythos von der Himmelskuh: Eine Ätiologie des Unvolkommenen*, vol 46 of Orbis Biblicus et Orientalis, 2nd ed. (Freiburg: Universitätsverlag; und Göttingen: Vandenhoek & Ruprecht, rev. 1991; 1997 reprint)를 보라.

9  Gerhard Fecht, "Metrische Umschreibung mit Anmerkungen zum verstandnis von Metrik und Aussage," in Hornung, *Der Ägyptische Mythos von der Himmelskuh*, 125.

리어 동사("하야" *hyh*)로부터 왔다.[10] 오랫동안 이집트학자들은 이집트어의 "있다"라는 동사는 언어학적으로 히브리어의 "있다" 동사와 연관이 있다고 믿어왔다. 이집트 단어의 어근은 *yw*이다.[11]

또한 두 문헌의 언급들은 모두 *idem per idem* 공식에 따라 구성된다. 이 공식은 문자적으로는 "동일한 것에 의한 동일한 것"을 의미하며, 이 구조의 사용은 야웨의 존재의 완전성을 강조한다. 출애굽기 3:14에서 하나님은 "나는 스스로 있는 자이니라"(히브리어 *'hyh 'shr 'hyb*)라고 자신의 이름을 모세에게 계시하신다. "인류의 멸망" 장에서 태양신인 레(Re)는 자기 자신을 동일하게 "나는 스스로 있는 자이다"(이집트어 *ywy ymy*)라고 선포한다.

## 성경 외적인 언급들

「하늘 암소의 책」에서 "나는 스스로 있는 자이니라"라는 신적 명칭이 나온 것은 성경 외적인 문헌에서는 최초의 사례다. 히브리 하나

---

10  이 하나님의 이름은 "나는 스스로 있는 자이다"를 의미하며 이것은 무엇보다도 하나님이 자존하시는 분임을 뜻한다. 하나님은 자기 자신의 존재를 결정하며, 존재하기 위해서 다른 어떤 것에도 의존하지 않는 분이다. 둘째, 이것은 그분이 변하지 않는 분이며, 다른 어떤 것이 되어가는 과정에 있지 않음을 보여준다. 그리고 마지막으로, 이것은 하나님의 존재의 영원성을 시사한다. 하나님은 항상 존재해왔으며 항상 존재하실 것이다. "야웨라는 이름은 미완료 형태로 나타나므로, 때로는 미래형으로 '나는 스스로 있을 자일 것이니라'라고 번역된다. 사실 히브리어의 미완료 형은 현재나 과거나 미래의 어떤 시제로도 나타날 수 있지만, 완성되지 않은 행동으로 이해되어야 한다." John D. Currid, *Exodus: An EP Study Commentary*, vol. 1 (Darlington, UK: Evangelical Press, 2000), 395-396 n. 24을 보라. 이것은 "하나님이 영원히 존재하시고 행동하신다"라는 이름의 의미와 부합한다.

11  예를 들어, Alan H. Gardiner, *Egyptian Grammar*, 3rd ed. (Oxford: Griffith Institute, Ashmolean Museum, 1982, 30을 보라.

   고대 근동 신들과의 논쟁

님의 이름인 "야웨"는 성경 외의 다른 주요 문헌에도 있다. 우리는 이 중 세 개를 간단하게 살펴볼 것이다.

1. **케테프 힌놈(Ketef Hinnom) 두루마리:**[12] 1979년에 가브리엘 바르카이(Gabriel Barkay)는 예루살렘 남서쪽에 있는 케테프 힌놈에서 철기시대 매장지인 동굴을 발굴했다. 그 무덤은 기원전 약 7세기 후반인 철기시대 후반부의 전형적인 매장지 구조로 되어 있었다. 이 시대 유대인들은 흔히 바위를 깎은 동굴 안에 시신을 매장했다. 사람이 죽으면 시체는 도자기, 보석, 자질구레한 장신구 같은 개인 물품들과 함께 무덤 안에 있는 긴 벤치 위에 놓였다. 시체가 부패하고 나면 뼈는 그 벤치 밑에 있는 납골당에 놓였다.

매장소를 발굴하기 시작했을 때, 발굴팀은 작은 은 두루마리 두 개를 발견했다. 두루마리는 금속이었기 때문에 고고학자들은 그 두루마리들을 펴서 해독하는 데 어려움을 겪었다. 그들은 두 두루마리 중에서 더 큰 것부터 작업을 시작했으며, 그것을 펴는 데 3년이 걸렸다. 그 두루마리를 평평하게 펼쳐놓

---

12 Gabriel Barkay, "The Priestly Benediction on the Ketef Hinnom Plaques," *Cathedra* 52 (1989): 37-76 (Hebrew); 같은 저자, "The Priestly Benediction on Silver Plaques from Ketef Hinnom in Jerusalem," *Tel Aviv* 19 (1992): 139-192; G. Barkay, A. G. Vaughn, J. Lundber, and B. Zuckerman, "The Amulets from Ketef Hinnom: A New Edition and Evaluation," *Bulletin of the American Schools of Oriental Research* 334 (2004): 41-71; Ada Yardeni, "Remarks on the Priestly Blessing on Two Ancient Amulets from Jerusalem," *Vetus Testamentum* 41 (1991): 176-185.

자 길이가 8센티미터 정도 되었다. 고고학자들은 두루마리가 아주 섬세하게 새겨진 문자들로 뒤덮여 있는 것을 보았다. 그들이 해독할 수 있었던 첫 번째 단어는 "야웨"(히브리어 *yhwh*)라는 이름이었다. 힘들게 작업한 끝에 그들은 두루마리 전체를 읽을 수 있었으며, 거기에는 민수기 6장에 기록된 제사장의 축복이 담겨 있었다. 그들이 해독한 본문은 다음과 같다.

[그를] 사랑하는 자들과 영원한?[…] [그의 율법을…] 지키는 자들(대안: [ ]를 사랑하는 자들)에게 언약을 [지키는…] 그리고 [은]혜를 [베푸는…] 위대[한]…야웨. 어떤 [유]혹과 악보다 더 [그?] 축복을. 구속이 그에게 있기 때문이로다. 야웨는 우리를 회복시키시는 분 [그리고] 반석이시다. 야웨가 네게 보[ㄱ] 주시기를 원하며 [그가] 너를 보호하시기를 [원하노라]. 야웨가 [그의 얼굴을] 비추시기를 [원하노라]…[13]

또한 더 작은 두루마리에도 민수기 6장에 나오는 제사장의 축복이 담겨 있었다. 그 글을 옮기면 다음과 같다.

[(xxxx의 아들/딸인) ( )를 위해] 그/그녀. ㄱ[ㄴ]/그ㄴ[ㅕ]가 전사[혹은 도우시는 자]이시며 [악]을 꾸짖으시는 야웨에게 복을 받기를 원하노라. 야웨께서 너를 축복하시고 보호하기를 원하노라. 야웨께서 [그 얼굴을] 네게로 향하여 드사 [평]강 주시기를 원하노라.[14]

---

13  Barkey, et al., "Amulets from Ketef Hinnom," 61을 보라.

 고대 근동 신들과의 논쟁

이 구절들은 히브리어로 기록된 성경 본문들을 인용한 것으로 알려진 것 중 최초의 것이다.

2. **쿤틸렛 아즈루드(Kuntillet 'Ajrud) 명각**: 1970년대 중반에 시내 광야 북부 지역의 정착지인 쿤틸렛 아즈루드에서 고고학자들은 벽에 그려지거나 석기 및 도자기로 된 용기에 새겨져 있는 히브리어 및 페니키아어 명문들을 발견했다.[15] 이 명문들은 구약에서 흔히 나오는 하나님의 이름인 엘과 야웨를 포함하기 때문에 매우 중요하다. 그것들의 연대는 기원전 8세기 초이므로, 케테프 힌놈의 두루마리보다 적어도 150년 정도 이전 시대의 것이다.

가장 극적이고 놀라운 것이 두 개의 큰 피토이(*pithoi*) 혹은 보관 용기에서 발견되었다. 피토이 하나에는 베스(Bes) 신, 이름이 밝혀지지 않은 신, 악기를 연주하는 여인 등 세 인물을 포함한 그림이 그려져 있었다. 그림 위쪽에는 가로로 "야웨께서 너에게 복 주시기를 원하노라"라는 축복을 포함한 글이 새겨져 있다. 두 번째 피토이에도 또 다른 축복문이 새겨져 있었는데, "…야웨와 그의 아세라가 너에게 복 주시기를 원하노라.

---

14  Ibid., 68.

15  Ze'ev Meshel, "Did Yahweh Have a Consort? The New Religious Inscriptions from the Sinai," *Biblical Archaeological Review* 5/2 (1979): 24-35; William G. Dever, "Asherah, Consort of Yahweh? New Evidence from Kutillet 'Ajrud," *Bulletin of the American Schools of Oriental Research* 255 (1984): 21-37을 보라. 그리고 S. Singer, "Cache of Hebrew and Phoenician Inscriptions Found in the Desert," *Biblical Archaeological Review* 2/1 (1976): 33-34에서 발견된 것들에 대한 첫 번째 발표를 보라.

야웨께서 너에게 복을 주시고 너를 지키시며 너와 함께하시고…"라고 되어 있다.[16]

야웨라는 이름과 함께 명백한 이교적 요소들이 나란히 나타나는 것은 좀 문제가 된다. 그러나 이 혼합주의는 단지 그 시대의 문화적인 풍토(*zeitgeist*)를 반영한 것일 뿐이다. 예를 들어 고고학자들은 기원전 9세기의 것으로 추정되는 텔 아라드(Tel Arad)의 발굴지에서 성전 영내를 발견했다. 성전은 유대인 성곽 안에서 발견되었다. 예루살렘에 있는 성전만 하나님이 성별하셨기 때문에, 그것은 혼합주의적인 가짜 성소였던 것 같다. 성경은 기원전 9-8세기를 이교의 시대로 묘사한다. 여로보암 1세(기원전 930-910년)는 이스라엘에 두 개의 황금 송아지를 만들고, 하나는 단에 그리고 또 하나는 벧엘에 두었다. 벧엘에서 여로보암 1세는 "이스라엘아, 이는 너희를 애굽 땅에서 인도하여 올린 너희의 신들이라"(왕상 12:28)라고 선포했다. 이스라엘의 또 다른 왕인 아합(기원전 874-853년)은 바알을 숭배하는 페니키아인인 이세벨과 결혼했으며, 그녀는 이스라엘 전역에 바알 숭배를 보급시켰다.

3. **메사의 비문**: 사무엘하 8:2에 따르면, 다윗 왕이 "모압을 쳐서 그들로 땅에 엎드리게 하고 줄로 재어 그 두 줄 길이의 사람은 죽이고 한 줄 길이의 사람은 살리니 모압 사람들이 다윗의 종들이 되어 조공을 드렸다." 이 속국의 지위는 분명히 통일 왕

---

16  Meshel, "Did Yahweh Have a Consort?" 24-35.

  고대 근동 신들과의 논쟁

국 시대 내내, 그리고 북왕국 이스라엘 초기 왕들의 재위 기간까지 지속되었다. 성경 저자는 모압 왕인 메사가 이스라엘의 왕이었던 아합에게 "새끼 양 십만 마리와 숫양 십만 마리의 털을" 공물로 가져왔다고 말한다(왕하 3:4). 아합은 모압을 마음대로 좌지우지할 수 있는 강한 왕이었다. 그의 후계자인 여호람(기원전 852-841)은 아버지보다 훨씬 약했기에 메사는 그에게 반항한다(왕하 3:5). 여호람은 반역을 물리치려고 이스라엘 군대를 소집하고, 유다 왕 여호사밧과 에돔 왕에게 연합을 요청했다(왕하 3:6-9). 이 동맹군은 모압을 쳐들어가서 공격에 성공한다. 그러나 장기적으로 볼 때 그것은 성공이 아니었다. 이스라엘이 모압에 대한 주도권을 다시 잡지 못했기 때문이다.

이스라엘에 대한 모압의 반역을 보여주는 성경 외적인 증거는 1868년에 발견된 메사의 비문에서 발견된다. 그 돌에 새겨진 기록은 모압 왕 메사의 시각에서 반역에 대해 말하고 있다. 그 본문은 "나는 그모스(Chemosh)의 아들인 메사다"라는 말로 시작한다. 그런 다음 그 문서는 메사가 이스라엘이 점유하고 있던 영토를 공격해 들어가는 것을 묘사한다. 또한 그것은 메사가 이스라엘에 부속되어 있던 성들 안에 건축 계획을 세웠다고 말한다. 우리의 연구에서 중요한 것은 그 기록의 다음 부분이다.

그리고 그모스는 나에게 "가서 이스라엘에게서 네보(Nebo)를 취하라!"고 말했다. 그래서 나는 밤에 가서 동이 틀 때부터 정오까지 네

보와 싸웠으며 그 성을 취하고 칠천 명의 남자, 소년, 여인, 소녀, 여종 등 그 안에 있는 모든 사람을 죽였다. 왜냐하면 나는 그들을 아쉬타-그모스(신)에게 바치기로 했기 때문이다. 그리고 나는 그곳에서부터 야웨의 [⋯]을 잡았으며, 그들을 끌고 그모스 앞으로 데려갔다. 이스라엘의 왕은 야하스를 건설했으며 나와 싸우는 동안 그곳에서 거주했다. 그러나 그모스는 그를 내 앞에서 쫓아냈다.[17]

이 문헌과 야웨에 대한 언급은 기원전 9세기 중반으로 추정된다. 그러므로 이것은 이스라엘의 하나님과 관련해서 야웨라는 이름을 사용한 성경 외의 문서 중에서 가장 오래되었다.

야웨라는 이름을 사용하는 다른 문헌들 역시 우리의 논의에서 고려되어야만 한다. 특히 나는 유대에 있는 발굴지인 아라드에서 나온 기원전 7세기 중반의 도자기 파편 18번을 생각하고 있다. 그 문헌의 저자는 그의 독자에게 "야웨의 집은 튼튼하며 영원하다"라고 말한다.[18] 저자가 예루살렘 성전을 말하는 것인지, 아니면 발굴자들이 아라드에서 발견해낸 예루살렘의 성전과 유사한 성전을 말하는 것인지는 확실하지 않다. 확실한 것은 야웨라는 이름이 히브리인들의 하나님을 가리킨다는 점이다. 또한 독자는 야웨라는 이름이 기원전 8세기 중후반 북시리아의 발굴지인 하맛(Hamath)에서 나타난다

---

17  Pritchard, *Ancient Near Eastern Texts*, 320을 보라.

18  Yohanan Aharoni, *Arad Inscriptions* (Jerusalem: Israel Exploration Society, 1981); Dennis Pardee, *Handbook of Ancient Hebrew Letters: A Study Edition* (Chico, CA: Scholars Press, 1982)을 보라.

　　　　　　　　　　고대 근동 신들과의 논쟁

는 사실을 고려해야 한다. 이 이름이 이곳 발굴지에서 나타나는 이유는 알려지지 않았으며 수많은 추측의 대상이 되었다.[19]

어떤 역사학자들은 야웨라는 이름을 언급하는 최초의 성경 외의 문서가 기원전 14세기의 아멘호테프(Amenhotep) 3세가 재위하던 시기의 지형 목록이라고 생각한다. 그것은 "쇼수야웨(Shosu-Yhw)의 땅"을 묘사한다.[20] 그러나 이 문헌은 *Yhw*라는 단어가 지리적 명칭으로 사용되며 이스라엘 하나님과의 연관성이 명확하지 않다는 문제가 있다.

이집트의 「하늘 암소의 책」에서 기록한 "나는 스스로 있는 자다"라는 명칭은 성경 외의 문헌에서 야웨라는 이름이 언급된 모든 경우를 수 세기 앞선 것이다. 물론 이집트의 용례가 히브리 하나님이 아니라 이집트의 주요 신인 태양신 레(Re)와 관련되어 있다는 점은 아이러니하다. 세티 1세(Seti I, 약 기원전 1300년)의 무덤에서 발견된 「하늘 암소의 책」의 완전한 사본에서는, 파라오가 *ywy ymy*("나는 스스로 있는 자")라는 이름을 취한다. 그 명칭이 레에게서 파라오에게 전수된 것은 문제가 되지 않는다. 이집트인들은 파라오가 태양신 레의 화신이며, 파라오가 그 신의 화신이라는 사실은 파라오가 레처럼 모든 피조물을 주관하는 주권을 갖고 있음을 의미한다고 믿었다.[21]

---

19　Stephanie Dalley, "Yahweh in Hamath in the 8th Century B.C.: Cuneiform Materials and Historical Deductions," *Vetus Testamentum* 40 (1990): 23-32; Ziony Zevit, "Yahweh Worship and Worshippers in 8th Century Syria," *Vetus Testamentum* 41 (1991): 363-366.

20　Raphael Giveon, *Les Bédouins Shosou des Documents Égyptiens* (Leiden, Netherlands: Brill, 1971).

## 문제와 해답

한마디로 말해서, 문제는 다음과 같다. "나는 스스로 있는 자"라는 하나님의 명칭이 이집트의 신들과 관련해서 사용되는 것을 어떻게 이해해야 하는가? 이 이름이 출애굽기 3장의 불타는 떨기나무 기사에서 히브리 하나님에 의해 처음으로 유일하게 계시되었으며 하나님만이 그 표현을 유일하게 사용했다는 것이 공통적인 생각인 것은 확실하다.

> 모세가 하나님께 아뢰되 "내가 이스라엘 자손에게 가서 이르기를 '너희의 조상의 하나님이 나를 너희에게 보내셨다' 하면 그들이 내게 묻기를 '그의 이름이 무엇이냐' 하리니 내가 무엇이라고 그들에게 말하리이까?" 하나님이 모세에게 이르시되 "나는 스스로 있는 자이니라." 또 이르시되 "너는 이스라엘 자손에게 이같이 이르기를 '스스로 있는 자가 나를 너희에게 보내셨다' 하라"(출 3:13-14).

만약 이 해석이 옳다면, 우리는 이 신적 명칭을 이집트의 주요 신인 레(Re)에게, 그리고 실제로 파라오에게 사용한 것을 어떻게 이해해야 하는가?

이런 질문에 대답하려고 할 때, 성경 외의 문서에서 그 신적 이름이 처음으로 나오는 곳이 이집트의 문서라는 점은 중요하다. 이것은 분명 이스라엘 백성을 이집트에서 구원해 내기 위해 모세를 부를 때

---

21 Pritchard, *Ancient Near Eastern Texts*, 365-367.

히브리 하나님이 자신의 언약적 이름인 "야웨"를 계시하는 문맥과 부합한다. 그 이름의 계시가 출애굽기의 가장 중심적인 주제인, 야웨와 파라오의 대결이라는 문맥에서 나온다는 점은 더욱 중요하다. 출애굽기 기사에서 중요한 문제는 모세와 파라오 사이, 모세와 이집트 마술사들 사이, 혹은 이스라엘과 이집트 사이의 적대감이 **아니다**. 가장 중요한 것은 이스라엘의 하나님 야웨와 이집트의 신들, 특히 레 및 파라오와의 경쟁과 싸움이다.

역병 기사는 이 갈등을 극명하게 드러내 보여준다. 다른 저서에서 나는 이집트에 내린 재앙 중 아홉 번째인 역병을 다음과 같이 묘사했다.

고대 이집트인들은 태양을 의인화한 아몬-레(Amon-Re)를 그들의 주요 신으로 숭배했다. 그들은 동쪽에서 떠오르는 아몬-레가 새로운 생명과 부활을 상징한다고 믿었다. 사실 그들은 그가 창조주-신이라고 생각했다. 불라크 파피루스(Papyrus Boulaq) 17("아몬-레에게 바치는 찬가")은 고대 이집트인들이 일반적으로 태양신을 숭배했음을 보여준다.

신들이 찬양하는 선하고 사랑스러운 청년
위에 있는 것과 아래에 있는 것을 만들었던 청년
땅을 밝히 비추며
평화롭게 하늘을 오가는 청년
이집트 상부와 이집트 하부의 왕: 라(Ra)는 승리자이며
땅의 주인이며

강한 힘을 가진 위엄 있는 주님이며

땅을 만든 주된 신이로다.

어떤 (다른) 신보다 더 뛰어난…[22]


그러나 아몬-레가 서쪽으로 질 때, 그는 정반대의 것을 상징했다. 그는 죽음과 지하 세계를 상징했다. 야웨가 뜻하셨을 때(출 10:21-29), 해가 어두워지고 아몬-레는 숨겨져 그를 경배하는 자들에게 빛을 비출 수 없었다. 아홉 번째 재앙인 역병이 도는 동안 아몬-레는 다시 떠오르지 않았으며 생명을 주지 않았다. 그의 영역은 사망과 심판과 절망이었다.[23]


여기서도 출애굽기의 중심에 있는 문제는 누가 진정한 하나님인가라는 것이다. 누가 우주를 주관하는 주권을 갖고 있는가? 누구의 뜻이 하늘과 땅에서 실현되는가? 누가 진정한 "스스로 있는 자"인가?

독일의 이집트학 학자인 호르눙(Hornung)과 페흐트(Fecht)는 고대 이집트인들이 히브리인들로부터 하나님의 명칭을 빌려왔거나 강탈해간 다음 그것을 레와 파라오에게 적용했다고 결론을 내렸다. 역사가들은 공통적으로 만약 성경과 이집트 사이에 병행이 있다면 이스라엘인들이 빌려온 것이 틀림없다고 주장하기 때문에, 이 학자들은 아주 색다른 주장을 한다. 그러나 두 문화가 서로 영향을 주고받

---

22　Ibid., 365.
23　Currid, *Ancient Egypt and the Old Testament*, 112.


　고대 근동 신들과의 논쟁

으면서, 문화적 관습 역시 쌍방향으로 흘러갔다는 점은 쉽게 증명할 수 있다. 예를 들어 쇼센크(Shoshenk) 1세 때 이집트인들이 솔로몬의 징세 체계를 가져다가 그들의 행정 제도에 맞추어 적용했을 가능성이 있다.[24] 그러나 왜 이집트인들은 히브리 하나님의 이름을 가져다가 레와 파라오에게 적용시켰을까? 이집트의 종교적 관습의 특징은 원수들을 멸망시키는 수단으로 그들의 이름과 상징을 빼앗는 것이었다. 앨런 가디너(Alan Gardiner)가 설명한 것처럼, "때로 멸망시켜야 할 적대 세력은 모조 되거나 죽임을 당한다."[25] 파멸시킬 뿐만 아니라, 적의 상징과 이름을 가져오는 것은 그들을 소멸시키고 그들의 권력을 장악하는 수단이었다. 달리 말하자면, 그것은 다른 자의 힘과 특성을 자기 안으로 흡수하는 방법이었다. 그렇다면 본질적으로 레와 파라오가 "스스로 있는 자"라는 이름을 가져다 쓴 것은 야웨를 정복하고 그의 성품을 훔쳐가는 방법이었다. 그렇게 해서 레와 파라오는 자신들이야말로 영원하고 변하지 않는 유일한 신이라고 주장하는 것이다.

또 다른 해결책은 이스라엘 사람들과 하나님이 이집트인들로부터 그 이름을 강탈했다는 것이다. 그러나 왜 히브리 하나님이 레와 파라오가 사용했던 명칭을 가져다가 자신의 이름으로 삼았을까? 실제로 그러한 탈취는 구약의 독특한 방식이 아니었다. 예를 들어 예언자 이사야는 "여호와께서 빠른 구름을 타고"(사 19:1)라고 선포했

---

24  Ibid., 166.

25  Alan H. Gardiner, "Magic (Egyptian)," in *Encyclopedia of Religion and Ethics*, ed. James Hastings (Edinburgh: T. & T. Clark, 1908-1926), 8:262-269.

는데, 더 초기의 우가리트 문헌이 폭풍의 신이자 가나안의 주신인 바알에게 동일한 표현을 사용했다는 점에 주목해야 한다. "칠 년 동안 바알이 실패하게 하라, 팔 년 동안 구름을 타는 자가 실패하게 하라. 이슬이 내리지 않고, 비도 내리지 않고, 두 바다가 합쳐지지 않으며, 바알의 목소리가 들리지 않게 하라"(Aqhat, 42-44).[26] 야웨가 이루신 일을 표현하기 위해 이스라엘이 바알의 이미지를 사용한 것은 혼합주의가 **아니었다**. 그것은 두 신들의 특징을 하나의 복합적인 신안에 합치는 것이 아니었다. 또한 야웨는 어떤 방식으로든 바알로부터 진화해가고 있지 않았다. 오히려 이사야는 바알 숭배를 함축적으로 비판하고 있었다. 바알이 구름을 타지 않고, 오직 야웨만이 구름을 타신다는 것이다. 이것은 이사야가 가나안의 종교에 대해 논쟁을 펼치는 하나의 방식이었다. 그는 이교를 조롱하고 있었다. 또한 예언자는 히브리 종교의 진리를, 특히 그것이 주장하는 급진적인 유일신 사상을 확증하고 있었다.

아마도 논쟁의 개념은 하나님의 명칭인 "스스로 있는 자"의 성경 용례 안에서 작동하고 있었을 것이다. 이스라엘의 하나님은 원래 레와 파라오에게 적용되었던 이집트의 단어를 채용하여 그들이 주권자나 전능한 존재가 아님을 보여주셨다. 그들은 우주를 운영하지 않는다. "스스로 있는 자"라는 이름은 진실로 히브리인들의 하나님에게만 속한다. 히브리 하나님은 유일하게 영원하고 주권적인 우주의

---

26 Michael D. Coogan, *Stories from Ancient Canaan* (Philadelphia: Westminster, 1978), 41.

하나님이시다!

두 문화 안에서 "스스로 있는 자"라는 신적 명칭은 동시에 혹은 거의 동시에 만들어진 것이었다고 결론지을 여지도 전혀 없는 것은 아니다. 그러나 히브리 문화와 이집트 문화가 서로 지속적으로 오래 동안 접촉해왔으며 종종 서로의 것을 빌려왔기 때문에, 그것은 있을 법하지 않다. 언어학적으로 서로 빌리는 것은 일반적인 양상이었다.[27] 수많은 다른 문화적 관습과 종교적 관습이 그들 사이에 교류되었다.[28] 두 개의 다른 인접한 문화가 그 이름을 동시에 만들어냈다고 주장하는 것은 아무리 좋게 봐도 개연성이 적다.

그렇다면 옳은 해답은 무엇인가? 이스라엘 사람들이 이집트인들로부터 "스스로 있는 자"라는 이름을 빌려왔다고 결론을 내리게 되면, 이스라엘에서 그 이름이 가장 처음 사용된 곳이 출애굽기 3장이었다는 연대기가 필요하게 될 것이다. 이스라엘의 하나님과 이집트의 신들 사이의 경쟁이라는 맥락에서, 하나님은 파라오와 대조적으로 자신만이 온 우주를 주관하는 주권을 가진 신이라는 도전장을 내밀었다. 그러한 재구성은 아주 합리적으로 보인다.

물론 문제는 출애굽기 3장이 히브리 하나님의 이름이 야웨라고

---

27 Thomas O. Lambdin, "Egyptian Loan Words in the Old Testament," *Journal of the American Oriental Society* 73 (1953): 145-155; R. J. Williams, "Egypt and Israel," in *The Legacy of Egypt*, ed. John R. Harris, 2nd ed. (Oxford: Clarendon, 1971), 257-290; 같은 저자, "Some Egyptianisms in the Old Testament," in Studies in Honor of John A. Wilson, *Studies in Ancient Oriental Civilizations* 35 (Chicago: University of Chicago, 1969), 93-98을 보라.

28 Scott B. Noegel, "Moses and Magie: Notes on the Book of Exodus," *Journal of the Ancient Near Eastern Society* 24 (1996): 45-59.

가장 처음 계시한 곳이 아니라는 데 있다. 창세기 전반에 걸쳐 하나님은 종종 신성 사문자(tetragrammaton)로 언급된다. 예를 들어 족장들은 직접적인 말이나 대화에서 야웨라는 이름으로 하나님을 불렀다(창 14:22; 15:8; 28:16 등을 보라). 하나님도 자신을 그 이름으로 부르셨다(창 22:16; 28:13 등을 보라). 그렇다면 "모세가 하나님께 아뢰되 '내가 이스라엘 자손에게 가서 이르기를 너희 조상의 하나님이 나를 너희에게 보내셨다 하면 그들이 내게 묻기를 그의 이름이 무엇이냐 하리니 내가 무엇이라고 그들에게 말하리이까?'"라고 출애굽기 3:13에서 기록된 것처럼, 모세가 야웨라는 이름을 몰랐음을 어떻게 설명해야 하는가? 하나님의 이름을 물음으로써 모세는 자신이 그 이름을 알지 못했음을 보여주었다. 그러나 이것은 곧 계시될 이름이 불타는 떨기나무 사건 이전에 알려지지 않았음을 의미하지는 않는다. 그것은 단지 그 이름이 어쨌든 수 세기 동안 노예로 살며 이교와 접촉하는 동안 히브리인들이 그 이름을 잃어버렸거나 혹은 불타는 떨기나무 이야기 전에 하나님에게 사용된 주요한 명칭은 아니었다는 점만을 말해준다(출 6:2-9 참조).

그런 현실에 비추어볼 때 이집트인들이 "스스로 있는 자"라는 신적 문구를 사용함에 있어서 히브리인들을 모방했다고 호르눙과 페흐트가 처음 평가한 것은 옳을 것이다. 이집트인들은 그런 식으로 히브리인들의 하나님을 조롱하고 정복하려고 시도했다. 그렇다면 레와 파라오는 히브리 하나님의 특성과 인격도 가져와서 그들만이 주권적이고 영원하고 전능한 우주의 신들이 되려고 했을 것이다.

제 9 장

# 모세의 지팡이

이집트 종교에 대해 논쟁적으로 사용된 언어의 병행들 이외에도, 성
경은 이집트의 관습에 대한 미묘하지만 강력한 비평으로 구성된 사
건들을 기록한다. 그런 사례 한 가지는 모세와 아론이 폭압적인 이
집트와 대결할 때 지팡이 혹은 막대기를 사용한 일이다. 출애굽기의
"지팡이"라는 요소는 주석서를 포함한 다른 저서에서 자주 논의되
곤 했지만, 지팡이의 이집트적 배경은 거의 주목을 받지 못했다.[1] 나
는 출애굽기 이야기 안의 지팡이를 적절하게 이해하는 데 있어 이집
트의 문화와 종교적 배경이 중요함을 보여주고자 한다. 추가로 나는
이 연구가 출애굽기의 사건과 기록이 띠는 아이러니한 성격을 더 확

---

1    독자가 고려해야만 하는 중요한 주석서들로는 Umberto Cassuto, *A Commentary
on the Book of Exodus* (Jerusalem: Magnes, 1983 reprint); Brevard S. Childs,
*The Book of Exodus* (Philadelphia: Westminster, 1974): Martin Noth, *Exodus:
A Commentary* (Philadelphia: Westminster, 1962) 등이 있다. 이집트와 성경에
서 지팡이가 사용된 용례의 병행을 논하려는 가장 최초의 시도는 Francois J. Chabas,
"L'Usage des Bâtons de Main chez les Hébreux et dans L'ancienne Égypte,"
*Annales du Musée Guimet* 1 (1880): 35-48이었다. Chabas는 두 문화에서 지팡
이가 어떻게 사용되었는지를 적절하게 묘사했다. 그러나 그는 병행 용례에 근거해서 어
떤 결론도 끌어내지 않는다.

증하고 뒷받침해주리라 생각한다.

## 이집트의 지팡이와 성경의 지팡이

지팡이 혹은 막대기는 야웨를 대변하는 모세와 (신이며 이집트의 다른 신들의 대제사장으로 여겨졌던) 파라오의 대결에서 결정적인 사물이었다. 출애굽기 저자가 "지팡이"를 가리키는 데 사용한 히브리어 단어는 "마테"(*maṭṭeh*)였다. 이것은 때로 이야기 안에서 "하나님의 지팡이"(*maṭṭeh bā'ĕlōhîm*)로 불리기도 한다.[2] 성경에서 "마테"는 걸을 때 사용하는 평범한 지팡이를 가리키는 데 주로 사용된다(창 38:18, 25). 또한 그것은 방어 무기로 사용되었던 것으로 보인다. 예를 들어 젊은 전사 요나단은 전쟁에 지팡이를 가지고 갔으며(삼상 14:27), 하박국은 "마테"를 악한 자들에 대한 하나님의 공격의 은유로 사용했다(합 3:14). *Maṭṭeh-lĕḥĕm*, 즉 "떡 굽는 막대기"(예. 레 26:26)라는 흔한 표현은 아마도 수많은 이집트의 부조에서 묘사된 떡 바구니를 옮기는 데 사용된 막대기를 뜻했을 것이다. 미첼 다후드(Mitchell Dahood)는 이 해석에 대해 의문을 제기했지만, 이를 반박하는 그의 주장은 설득력이 없다.[3] 어쨌든 *maṭṭeh-lĕḥĕm*은 평범한 히브리 농부가 사용하는 단순하고 일반적인 농기구를 묘사하는 듯하다.

"마테"라는 단어는 성경에서 주로 이집트와 관련해서 나온다.

---

2  출 4:20과 17:9을 보라.

3  Michell Dahood, in *Psalms III: 101-150*, Anchor Bible Commentary (Garden City, NY: Doubleday, 1970), 56은 *maṭṭeh-lĕḥĕm*은 "곡식단"을 의미할 뿐이라고 주장한다.

토라에서 그것은 창세기 38장 이전에는 나오지 않으며, 요셉이 이 집트로 내려간 이후에야 등장한다. 그 이전에는 "마켈"(*maqqel*)이라는 단어만 지팡이나 막대기를 표현하는 데 사용되었다. 또한 성경에서 "마테"가 나오는 63회 중 절반 이상(36회)이 이스라엘과 파라오의 나라 간의 관계와 관련되어 있다.[4]

이처럼 "마테"가 집중적으로 나온다는 점은 그 단어가 아마도 이집트에서 기원했을 것이라는 사실을 알게 되면 완벽하게 이해가 간다. 앨런 가디너(Alan Gardiner), 윌리엄스(R. J. Williams) 등의 학자들은 그 단어가 이집트의 *mdw* 즉 "막대기"에서 기원했음을 지적했다.[5] 이와 병행이 되는 형태인 *mṭ yd* 즉 "손의 막대기"가 우가리트 문헌에서도 나오기는 하지만, 이것은 분명히 원래 이집트 용어였다.[6] 고대 이집트인들은 그들의 문화 안에서 다양한 종류의 지팡이에 여러 단어를 사용했다. 예를 들어 신과 왕족이 드는 지팡이만을 위한 특정한 단어들이 있었다. *Ḥk(ȝ)t*, "갈고리"(?)는 이집트 문헌과 부조에서 왕의 복장을 묘사하는 데 사용된 일반적인 유형의 지팡이였다.[7]

---

4  나는 여기에서 지팡이나 막대기를 가리키는 것이 분명한 "마테"의 용례만을 포함시킨다. 또한 그 단어는 히브리어에서 "부족"(tribe)을 나타내는 주요 단어 중 하나다. 흥미롭게도 "부족"을 나타내는 다른 주요 단어는 *šebeṭ*이며, 이것 역시 막대기나 규를 의미한다. 부족 사회의 구조가 지팡이를 나타내는 단어들과 밀접하게 연관된 이유는 자명하다. 각 부족은 다른 부족의 지팡이와는 구별된 지팡이를 갖고 있었으며, 그것은 정체성을 나타내는 지팡이였다.

5  Alan H. Gardiner, *Egyptian Grammar*, 3rd ed. (Oxford: Oxford University Press, 1982), 510; R. J. Williams, "Egypt and Israel," in *The Legacy of Egypt*, ed. John R. Harris (Oxford: Clarendon, 1971), 263.

6  *UT* 19: no. 1237; *I Aqht*: 155, 162, 169; 그리고 기타 등등.

7  Adolf Erman and Hermann Grapow, *Wörterbuch der ägyptischen Sprache III*

또한 그 단어가 변형된 형태들은 왕의 한정사와 함께 *ḥkꜣ*와 *ḥkꜣt*
의 형태로 나타나는데, 각각 "지배하다"와 "지배자"를 의미했다. 또
다른 표준적인 왕의 지팡이는 *Nḫḫw*, "도리깨, 채찍"(  )이었다.
이것은 채찍 같은 막대기에 끝으로 갈수록 좁아지는 세 개의 긴 끈
이 매달려 있는 도구였다.[8] *Nḫḫw*는 원래는 향수, 의약품, 연고 등
에 사용되는 향기롭고 값비싼 점액인 라브다눔(labdanum)를 모으는
데 목자들이 사용한 도구였다고 주장되었다.[9] 따라서 *Nḫḫw*는 때로
는 라다니스테리온(ladanisterion)이라고 지칭된다.[10] 또한 *Nḫḫw*는
파라오의 왕권을 나타내는 전형적인 사물이었다. 왕의 다른 규들과
지팡이들은 고대 이집트 문서에 잘 기록되어 있다.[11]

이집트의 *mdw*(  )는 농부들과 노인들이 걸을 때 사용하는 평범
한 지팡이에 불과했다.[12] 그것은 매일 들판에서 일할 때 사용하는 단
순한 일상 도구였다. 사실 *mdw*의 변형된 형태는 고대 이집트에서
가축떼를 지키는 사람들을 가리킬 때 사용되었다(*mdw kꜣ-ḫd*).[13] 그

---

(Leipzig: Hinrichs, 1926-1931), 170-173. 그 단어는 종종 "규"로 번역되며 보통은 왕
권 상징물의 일부분이었다.

8   William C. Hayes, *The Scepter of Egypt I* (New York: Metropolitan Museum of
Art, 1953), 286.

9   Percy E. Newberry, "The Shepherd's Crook and the So-called 'Flail' for
'Scourge' of Osiris," *Journal of Egyptian Archaeology* 15 (1929): 84-94.

10   라브다눔은 근동의 초원 지대에서 흔히 볼 수 있는 키 작은 관목인 검 시스투스(*gum
cistus*)의 잎과 줄기에서 나오는 진액이다. 잎 사이로 *Nḫḫw*를 끌어 라브다눔이 수집
된다.

11   Gardiner, *Egyptian Grammar*, 508-510을 참고하라. 그는 여러 유형의 지팡이 목록
을 간단하게 열거하고 각각에 대해 짧게 설명한다.

12   또한 *ꜥwt*(  )는 농부의 지팡이를 상징했다. 사실 "양떼"를 나타내는 단어는 이것과 관련
이 있다. 그러나 이것은 보통 상형문자 문헌에서는 *Nḫḫt*로 대체되었다.

것은 모세가 파라오와의 장기적인 대결에서 사용했던 지팡이 유형
이었다.

또한 "하나님의 지팡이"라는 개념은 이집트에서도 흔했다. 그것
은 *mdw špśy* 즉 "거룩한 지팡이"로 불렸다. 그 개념은 신왕국 시대
에(약 기원전 1550-1070년) 신들의 규와 관련해서 빈번하게 사용되
었다. 아브라함 야후다(Abraham Yahuda)는 이 사물들에 관해 다음
과 같이 설명한다.

> 마법적 목적으로 사용되는 여러 유형의 지팡이가 있었다. 지팡이 끝에는
> 여러 신의 머리가 달려 있었으며, 그들의 이름을 따서 "아론의 거룩한 지
> 팡이", "크눔(Khnum)의 지팡이", "아몬-라(Amon-Ra)의 지팡이", "에드푸
> 의 호루스(Horus of Edfu)의 지팡이", "하토르(Hathor)의 지팡이" 등등의
> 이름을 붙였다. 그런 지팡이들은 특별한 제사장들과 연관되어 있었으며,
> 많은 대제사장은 "지팡이의 제사장"이라는 호칭을 가지고 있었다. 그 호
> 칭에는 그가 예배하도록 배정받은 신에 대한 언급이 종종 덧붙여졌다. 그
> 런 예로서 "아몬의 거룩한 지팡이의 제사장"을 들 수 있다. 때로는 신적
> 한정사를 나타내는 상형문자 표시가 덧붙여짐으로써 지팡이는 더 확실
> 하게 신적인 특징을 갖게 되었다.[14]

---

13  Erman and Grapow, *Wörtebuch II*, 178-179. 또한 이 단어는 이집트의 고유한 이름
    인 *ns-p-mdw*, "지팡이에 속한 사람"에 나타난다.

14  Abrahma S. Yahuda, *The Accuracy of the Bible* (London: William Heinemann,
    1934), 106-107. Yahuda는 지나친 주장을 하는 경우가 빈번하기 때문에, 그의 저서
    를 인용할 때는 주의해야 한다. 이 경우에 나는 이집트의 거룩한 지팡이에 대한 그의 묘
    사가 기본적으로 옳다고 생각한다.

   고대 근동 신들과의 논쟁

따라서 이집트와 성경 이야기에서 *mdw*와 *maṭṭeh*는 동일하게 사용되었다. 그것들은 목동의 평범한 일상이라는 맥락에서 여행의 도구 그리고 신의 힘의 상징으로 사용되었다.

## 고대 이집트에서 지팡이의 상징

고대 이집트에서 파라오의 지팡이는 왕권, 힘, 권위를 상징했다.[15] 지팡이가 파라오의 주권을 상징하기 시작하는 때는 왕의 대관식 때부터이며, 그때 갈고리 모양의 지팡이가 그의 손에 쥐어진다. 피라미드 문헌(Pyramid Text) 196-203은 대관식 장면을 다음과 같이 묘사한다.

> 딱정벌레에게서 나오는 침,[a]
>
> 아툼(Atum)으로부터 나온 이 땅 위에, (왕으로) 그 위에 서라.
>
> 그 위에 (왕으로) 있으라, 그 위에 높이 있으라,
>
> 네 아버지가 너를 볼 수 있도록.
>
> 그가 너를 볼 수 있도록.
>
> 오, 그의 아버지여, 그가 너에게로 온다.
>
> 오, 레여…그가 너에게로 온다.
>
> 그가 하늘들을 움켜잡게 하고
>
> 수평선을 받게 하라.
>
> 그가 "아홉 개의 활"[b]을 지배하게 하라.

---

15  Chabas는 "L'Usage des Bâtons"에서 고대 근동 전역에서 지팡이가 주로 권위와 위엄의 상징으로서 은유적인 목적이 있었다고 말한다(35쪽).

그리고 엔네아드(Ennead)<sup>c</sup>를 (제물로) 준비시켜라.

지팡이를 그의 손에 주라.

그리하면 온 이집트가 그 머리를 숙이리라.

---

a. 말똥구리는 지하세계로부터 일찍 올라오는 레 신을 상징했다. 그러므로 그것은 새로운 생명과 부활을 의미했다.
b. 이방 땅을 표현할 때 흔히 사용된 이집트어 이름
c. 이 단어는 사회에서 창조 질서를 상징했던 헬리오폴리스(Heliopolis)의 아홉 신을 가리킨다.[16]

대관 시에 지팡이를 제시하는 것은 새로운 파라오에게 위로부터 힘이 전가되는 것을 의미했다. 갈고리 모양의 지팡이는 왕이 가진 신적 힘의 보고였다.

대관식 이후로 왕의 지팡이는 이집트 왕의 의전용 상징물의 하나였다. 어느 시대의 부조와 조각을 보아도 파라오는 지팡이를 들고 있는 것으로 묘사된다. 그 예들은 아주 많다. 페피(Pepi) 1세(고왕국), 세누스렛(Senusret) 1세(중왕국), 아케나텐(Akhenaten), 투탕카멘(Tutankhamen), 람세스(Ramses) 2세, 호렘합(Horemhab, 신왕국) 등과 같은 중요한 왕들은 종종 왕의 지팡이를 들고 있는 것으로 묘사되었다.[17] 또한 이집트의 문헌은 이집트 왕들을 말할 때 늘 왕의 지팡이를 언급했다.[18] 또한 (*mdw nṯr*, "신의 지팡이"라고 불리는) 그 지팡이는

---

16 Henri Frankfort, *Kingship and the Gods* (Chicago: University of Chicago Press, 1948), 109.
17 Kazimierz Michalowski, *The Art of Ancient Egypt* (New York: Abrams, 1970), 91, 208, 254-255을 보라.



고대 근동 신들과의 논쟁

신들의 권위와 힘의 상징이었다. 이집트의 부조와 동상들에서 신들은 손에 지팡이를 들고 있는 것으로 그려진다. 예를 들어 18대 왕조(약 기원전 1319-1307년)의 왕인 호렘합의 무덤에는 왕이 "신들의 여왕"인 하토르(Hathor)와 "신들의 왕"인 하르시에세(Harsiese)에게 선물을 드리고 경배하는 모습을 보여주는 부조가 있다.[19] 두 신 모두 손에 목자의 지팡이를 들고 있다. 나그엘-마다무드(Nag'el-Madamud)에 있는 세누스레트 3세(약 기원전 1878-1841년) 묘실의 상인방에 새겨진 두 개의 장면에서, 왕은 손에 지팡이를 들고 있는 "테베의 주"인 몬투(Montu)에게 헌물을 바치고 있다.[20] 이외에도 쉽게 인용될 수 있는 사례는 더 많다.

목자의 지팡이를 신들의 권위의 상징으로 보았던 것은 초기 이집트인의 믿음과 관습이었다. 그것은 선왕조 시대 초기에도 중앙 델타의 부시리스(Busiris [Abusir])지역을 떠돌아다녔던 뜨내기 목동들의 신인 안드제티('Andjety)의 권위의 상징으로 나타났다.[21] 안드제티는 곧 이집트의 중요한 신으로서의 지위를 잃었지만, 오시리스는 일반적인 동화 과정을 통해서 안드제티의 특징들을 취했다. 갈고리 모양의 지팡이는 선왕조 시대 후기부터 왕조 시대까지 오시리스의 가장 중요한 특성이 되었다. 물론 오시리스는 이집트에서 우주적인 신

---

18　James H. Breasted, *Ancient Records of Egypt I-IV* (Chicago: University of Chicago Press, 1906), I:136; II:406; III:8.

19　John Baines and Jaromir Malek, *Atlas of Ancient Egypt* (New York: Facts on File, 1980), 100.

20　Ibid., 110.

21　Hayes, *Scepter of Egypt I*, 268.

의 반열에까지 올랐다. 그는 지하 세계의 왕이었으며 죽음의 정복자
였다. 그리고 그는 이집트의 왕권 개념을 체현했다. 깃털 달린 흰 왕
관, 미라 등과 같은 수많은 상징이 오시리스 숭배와 관련이 있었다.
그러나 어떤 상징도 목자의 지팡이와 채찍처럼 두드러지지는 않
았다. 그것들은 오시리스의 힘과 권위, 주권을 모두 의미했다. 지팡
이는 오시리스와 너무나 동일시되어서 고대 이집트의 문헌은 그를
*sekhem-sceptre* 즉 "지팡이의 능력"이라고 불렀다.[22]

이집트의 파라오들은 오시리스와 동일시되기를 몹시 원했다. 그
렇게 해야 그들이 부활을 얻는다고 확신했기 때문이다. 프랭크포트
(Frankfort)가 지적한 대로, "모든 왕은 저세상에서 오시리스로서 살
아남았다."[23] 또한 땅에서 재위하는 동안, 이집트의 왕들은 오시리스
의 신적 권리를 부여받기를 원했다. 그들은 그의 지배력과 힘 및 전
능함을 부여받으려고 했다. 그래서 파라오들은 목자의 지팡이와 채
찍을 그들이 오시리스와 동일하다는 상징으로서, 그리고 그들이 오
시리스의 권위와 힘을 받았다는 상징으로서 들고 다녔다.

### 마법의 지팡이

그러나 파라오의 규는 단순히 종주권에 대한 상징 그 이상이었다.
실제로 고대 이집트인들은 왕의 지팡이에 신들의 마법과 능력이 불
어 넣어져 있다고 믿었다. 무생물 물체에 힘, 즉 신의 힘이 깃들 수

---

22  Jaroslav Cerny, *Ancient Egyptian Religion* (Westport, CT: Greenwood, 1957), 59.
23  Frankfort, *Kingship and the Gods*, 197.

                                          고대 근동 신들과의 논쟁

있다는 사상은 항상 이집트 종교의 근간이었다. 예를 들어 왕족의 여러 왕관은 신적 능력을 갖추고 있는 성스러운 물체로 여겨졌다. 성전의 가구조차도 위대한 신으로 숭배되었다.[24] 그들은 물리적인 사물에 신의 능력이 들어 있다고 여겼을 뿐만 아니라, 한 사람이나 사물의 이름 자체가 신적인 힘을 지니고 있다고 믿었다.[25] 이집트 왕의 지팡이에 신적 특징이 부여되어 있다는 사상은 신적 한정사를 나타내는 상형문자 표지가 종종 "지팡이"라는 단어와 함께 나왔다는 사실로 뒷받침된다.

이집트의 마법사들(ḥry-ḥbt) 역시 마술을 부리기 위해 지팡이를 갖고 다녔다. 마법사-왕이었던 넥타네보(Nectanebo) 2세(약 기원전 360-343년)는 적들에게 공격당했을 때, 밀랍으로 된 병사와 배를 마법 지팡이를 사용하여 살아 있는 군대로 바꾸었다고 기록되어 있다. 풍뎅이 모양의 수많은 보석은 마법사들이 금방이라도 뱀으로 바뀔 수 있는 지팡이를 손에 든 모습을 담고 있기에 그 관습에 대한 증거가 된다.[26] 월리스 버지(Wallis Budge)는 지팡이로 점치는 관습이 이집트 마법사들 사이에서 있었다고 주장하며, "영원의 시간으

---

24  Adolf Erman, *A Handbook of Egyptian Religion* (London: Constable, 1907), 75.

25  "The God and His Unknown Name of Power," in *Ancient Near Eastern Texts Relating to the Old Testament*, ed. James B. Pritchard, 3rd ed. (Princeton, NJ: Princeton University Press, 1969) 12-14을 보라. 그 이야기는 레가 힘의 원천인 숨겨진 이름을 갖고 있다고 말한다. 이시스는 그 이름을 알아내어 자기가 힘을 얻으려고 음모를 꾸민다.

26  이러한 풍뎅이 모양의 보물이나 도기의 예시는 Louis Keimer, *Histories des Serpents dans l'Égypte ancienne et moderne* (Mémoires, Institut d'Égypte 50, 1947), 16-17, 표 14-21을 보라. 이 보물이나 도기는 말똥구리 모양으로 조각되어 있다.

로부터⋯경이를 일궈냈던 놀라운 지팡이”를 언급한다.[27] 이집트인들
은 왕의 지팡이처럼 마법사의 지팡이에도 초인간적인 힘이 깃들어
있다고 믿었다. 그래서 마법사들은 지팡이로 의인화된 신들의 신비
로운 마법의 힘을 부여받았다. 그들에게 신적인 *ḥk3* 즉 “마법의 힘”
을 주었던 것은 지팡이였다.

## 출애굽 기사에서 지팡이의 아이러니

출애굽기 5-14장에서 모세와 아론이 파라오를 만났을 때, 그들은
지팡이를 갖고 있었으며 그것을 가지고 경이로운 표적을 많이 행
했다. 그 지팡이로 그들은 이집트에 수많은 역병을 불러왔으며, 종
국에는 그것을 사용하여 홍해에서 이집트 군대를 파멸시켰다(출
14:16). 그러한 모든 재앙을 수행하기 위해 지팡이를 사용한 것은 심
판의 아이러니를 보여주는 물리적인 예였다. 그것은 이집트의 문
화와 신앙에 대항하는 또 하나의 논쟁이었다. 우리가 보았듯이, 고
대 이집트인들은 지팡이를 권위와 리더십 및 능력의 상징으로 이해
했다. 그런데 두 명의 히브리 지도자들이 이집트인들에게 굴욕을 안
겨주고 승리하기 위해 이집트에서 매우 귀중하게 여겨지는 상징인
지팡이를 가지고 있었다는 점은 아이러니다. 즉 이집트에 영광과 권
위와 힘을 부여했던 바로 그 물리적 상징이 히브리인들이 그들을 물
리치기 위해 사용했던 사물이다. 헹스텐베르크(Hengstenberg)는 “모

---

27　E. A. Wallis Budge, *Egyptian Magic* (New Hyde Park, NY: University of Books,
　　1958 reprint), 5.

세는 이집트의 마법사들이 가장 영화롭게 여겼던 것, 그리고 무엇보다도 그들의 권위를 지탱시켜주는 일을 수행할 수 있는 능력을 부여받았다"라고 해설한다.[28]

또한 두 히브리인들은 지팡이를 손에 쥐고 이집트의 신들과 이스라엘의 하나님 야웨 사이에 있는 신들의 경쟁을 선포하고 있었다. 앞서 보았던 대로, 신들, 특히 오시리스의 마법 능력은 이집트의 거룩한 지팡이 안에서 의인화되었다. 거룩한 지팡이를 소유했던 파라오와 이집트의 마법사들은 거기에 담긴 능력 때문에 특별히 초인적이라고 여겨졌다. 즉 부여된 신의 능력에 대한 상징은 지팡이였다. 모세가 처음 그의 지팡이를 사용하여 그것을 파라오와 이집트의 제사장들 앞에 던졌을 때, 그는 그 신적 권위와 능력에 대한 상징을 공격하고 있었다.[29] 모세는 자신의 양치기 지팡이에 담긴 능력이 이집트인들의 지팡이에 담긴 능력보다 훨씬 더 크고 효과적이라는 사실을 선포하고 있었다. 실제로 아론의 지팡이가 이집트 마법사들의 지팡이를 삼켰을 때, 그것은 야웨의 전능하심의 표적이었으며, 이집트인들의 지팡이 안에 있는 신들의 "마법 능력" 즉 *ḥk3*를 정면으로 부인하고 정복하고 있었다.[30] 파라오와 마법사들의 지팡이는 야웨를

---


28  Ernst W. Hengstenberg, *Egypt and the Books of Moses* (Edinburgh: Thomas Clark, 1845), 98.

29  John D. Currid, "The Egyptian Setting of the 'Serpent' Confrontation in Exodus 7:8-13." *Biblische Zeitschrift* 39/2 (1995): 215 n. 56.

30  출애굽기 7:12이 아론의 뱀이 이집트인의 뱀을 삼켰다고 말하지 않고 그의 지팡이가 그들의 지팡이를 삼켰다고 말했음에 주목하는 것이 중요하다. 요점은 지팡이가 권위와 능력 및 주권의 상징이었으며, 야웨가 정복하셨던 것이 바로 그 상징이었다는 점이다.

대적할 능력이 전혀 없었다. *Maṭṭeh hā'ĕlōhîm*에 부여된 히브리 하나님의 권능 앞에서 그 지팡이들은 속수무책이었다.

앞선 요점은 출애굽기 사건에서 실제로 관건이 되는 문제를 규명해준다. 적대감은 일차적으로 모세와 파라오, 모세와 이집트 마법사들, 혹은 이스라엘과 이집트 사이에 있지 않다. 지팡이 간의 대결이 묘사하는 것은 다음과 같다.

> …하늘의 전투, 즉 히브리인들의 하나님과 이집트의 신들 사이의 전쟁이다. 성경 저자에게 있어 이집트에서 벌어진 이스라엘의 이야기 전체는 신학적인 문제였다. 그것은 누가 진정하고 유일한 하나님인가의 문제였으며, 누가 우주를 주관하는 주권자인가의 문제였고, 누구의 뜻이 하늘과 땅에서 실현될 것인가의 문제였다.[31]

지팡이 대결은 장엄한 신학적 형태를 띤 드라마를 우리에게 소개한다. 그 드라마에서 이스라엘의 하나님 야웨는 이집트의 신들에게 능력과 의지에 관한 싸움을 걸고 있다.

마지막으로, 모세가 이집트와의 갈등에서 평범한 양치기 지팡이를 사용했다는 점은 아이러니다. 모세는 이집트의 왕권을 상징하는 정교하고 권세 있는 규, 즉 *ḥkȝt* 혹은 *Nḫḫw*를 가지고 파라오와 싸우지 않았다. 그는 목동의 평범한 *mdw*를 갖고 왔다. 성경 저자에 따르면, 이집트인들은 목축을 천한 직업으로 경멸했던 것이 확실

---

31  Currid, "Egyptian Setting," 206.

　　　　　　　　　　　　　고대 근동 신들과의 논쟁

하다. 창세기 46장에서 요셉은 "애굽 사람은 다 목축을 가증하게 여기기 때문에"(34b절) 히브리인들을 이집트인들로부터 분리시켜 놓는다. 모세가 *mdw*를 사용한 것은 이집트의 왕권과 제사장직을 모욕하는 일이었을 것이다. 어떻게 양치기의 지팡이에 불과한 것이 오시리스의 힘이 부여된 왕의 지팡이와 대결할 수 있단 말인가? 그 생각은 우주의 진정한 능력이 지팡이에 있는 것이 아니라 신에게 있다는 출애굽기 저자의 신학을 부각한다. 야웨는 사용된 지팡이 종류 때문이 아니라 그의 위대한 능력과 주권으로 승리하셨다. 그것이 바로 출애굽기 기사의 주요 메시지다.

**결론**

출애굽기 내러티브 안에서 지팡이의 이집트적 배경을 통해 출애굽기 사건들의 실제적인 특성을 확실하게 우리 마음에 각인시켜야 한다. 저자는 이집트의 문화와 종교에 대해 매우 잘 알고 있었다. 이집트의 관습을 비판하고 히브리 종교의 진리를 보여주기 위해서, 저자는 미묘하지만 강력한 방식으로 그가 상세하게 알던 내용을 사용했다. 그는 우주의 진정한 주권자이신 야웨를 높이려고 이집트인들의 신앙에 대해 논쟁을 펼쳤다. 그것은 언어학적 병행을 사용함으로써뿐만 아니라, 또한 그 이야기 안의 사건들과 사물들을 이집트인의 관습에 대한 비판으로 구성함으로써 이루어졌다. 이 얼마나 멋지고 정교하며 심오한 논쟁의 방식인가! 그것은 진실로 출애굽기 저자의 문학적 재능을 보여주는 기념비로 서 있다.

제10장

홍해를 가르는 기적

출애굽기 14:13-31에 기록된 홍해 도하 이야기는 이스라엘 역사에서 아주 두드러진 사건이다. 어떤 다른 역사적 사건보다도 이 사건은 후대 성경 저자들의 마음에 지속적이고 강한 인상을 남겼다(시 78:13; 106:9-10; 사 50:2; 51:10; 63:12을 보라). 홍해에서 하나님이 이스라엘을 구원하신 일은 너무나 중요해서 바빌론 유수로부터의 귀환(슥 10:10-11)과 같은, 후대 이스라엘의 구속 사건들의 패러다임으로 기록되었다. 그것은 구약에서 하나님이 그의 백성을 구속한 위대한 사건이다. 예를 들어 시편 136편의 중심부에서 성경 저자는 이렇게 말한다.

> 애굽의 장자를 치신 이에게 감사하라,
> 그 인자하심이 영원함이로다.
> 이스라엘을 그들 중에서 인도하여 내신 이에게 감사하라,
> 그 인자하심이 영원함이로다.
> 강한 손과 펴신 팔로 인도하여 내신 이에게 감사하라,
> 그 인자하심이 영원함이로다.

홍해를 가르신 이에게 감사하라,

그 인자하심이 영원함이로다.

이스라엘을 그 가운데로 통과하게 하신 이에게 감사하라,

그 인자하심이 영원함이로다.

바로와 그의 군대를 홍해에 엎드러뜨리신 이에게 감사하라,

그 인자하심이 영원함이로다(10-15절).

따라서 성경에서 홍해를 가르신 사건은 하나님의 구속사에서 독자적이고 뛰어나며 특별한 사건이다.

그런데 사실 고대 이집트인들도 제사장이 거대한 물을 갈랐던 그들만의 이야기를 갖고 있다는 점은 매우 중요하고 흥미롭다. 그 이야기는 파피루스를 발견한 사람인 헨리 웨스트카(Henry Westcar)의 이름을 딴 웨스트카 파피루스(Westcar Papyrus, 또한 "케옵스 [Cheops] 왕과 마법사들"로도 알려져 있다)의 일부분이다. 이 파피루스에는 12개의 파피루스 두루마리가 포함되어 있으며, 지금은 베를린 박물관의 이집트관에 전시되어 있다.[1] 이제 우리는 이 문서의 내용을 살펴볼 것이다. 그런 다음에 이것이 성경의 홍해 도하 기사와 어떤 관계가 있는가를 알아볼 것이다.

---

[1] 웨스트카 파피루스를 다루는 문헌은 방대하다. 이 파피루스에 관심이 있는 독자들에게 좋은 입문서는 다음과 같다. A. M Blackman, *The Story of King Kheops and the Magicians* (Reading, UK: J. V. Books, 1988); Miriam Lichtheim, *The Old and Middle Kingdoms*, vol. 1 of *Ancient Egyptian Literature* (Berkeley: University of California Press, 1975), 215-222; R. B. Parkinson, *The Tale of Sinuhe and Other Egyptian Poems 1940-1640 B.C.* (Oxford: Oxford University Press, 1997), 102-107.

## 웨스트카 파피루스

내용

이 이야기들은 고대 이집트의 3왕조와 4왕조 때(기원전 약 2649-2645년) 마법사들과 제사장들이 행했던 기적에 초점을 맞춘다. 기자(Giza)에 대피라미드(the Great Pyramid)를 건축한 케옵스(Cheops [Khufu])는 그의 아들들에게 여흥 거리로 마법사들의 이적 이야기를 들려달라고 부탁한다. 이야기들은 간단하고 짧으며 연대기 순으로 되어 있다. 이야기 도입부 대부분이 소실되고 문서 끝부분이 잘려나가 있기 때문에, 사본은 부분적으로만 보존되어 있으며, 정확하게 얼마나 많은 부분이 소실되었는지는 알려지지 않았다.

첫 번째 이야기는 결말 부분만 보존되어 있기 때문에, 케옵스의 어떤 아들이 그 이야기를 서술했는지는 확실치 않다. 그 이야기의 나머지 부분은 사카라(Saqqara)에 계단식 피라미드(Step Pyramid)를 건축했던 죠세르(Djoser) 왕 시대(기원전 2630-2611년)에 일어난 사건을 기록하고 있다. 그것은 한 마법사가 그가 한 일과 그가 전한 지혜로운 말의 대가로 보수를 받는 이야기를 들려준다. 어떤 이들은 이 마법사가 유명한 이집트의 관리인 임호텝(Imhotep)이었을 것이라고 주장하지만, 그것은 추측에 불과하다.[2] 두 번째 이야기는 기자에 두 번째 피라미드를 건축했던 카프레(Khafre [Chephren])가 들려준다. 이 이야기의 배경은 3왕조의 넵카(Nebka)가 재위했던 시

---

2    William K. Simpson, ed., *The Literature of Ancient Egypt*, 3rd ed. (New Haven, CT: Yale University Press, 2003), 14 n. 1.



고대 근동 신들과의 논쟁

대다. 그는 밀랍으로 악어를 만들어내고, 그것을 살아있는 악어로 변하게 한 웨바오너(Webaoner)라는 이름을 가진 마법사의 이야기를 서술한다.[3] 이 이야기는 모세가 그의 지팡이를 뱀으로 변하게 하고 나서, 다시 뱀을 지팡이로 변하게 한 기적(출 4:1-5)을 연상시킨다. 케옵스의 셋째 아들인 바우에프레(Bauefre)는 세 번째 이야기를 들려주는데, 스네프루(Snefru)가 재위할 동안(기원전 약 2575-2551년)에 있었던 한 마법사의 이야기를 담고 있다. 이 에피소드의 내용은 이 장의 논의에 중요한 자료이므로, 앞으로 상세하게 다루어질 것이다. 네 번째 이야기는 케옵스 시대와 동시대의 것이며, 그의 아들인 하르데데프(Hardedef)가 들려준다. 하르데데프는 이야기에서 중요한 역할을 하는데, 그것은 데디(Dedi)라는 이름의 남자가 행하는 경이로운 일을 중심으로 한다. 데디는 신화적 인물이 확실하다. 왜냐하면 하르데데프는 그를 "110살이며, 지금까지도 빵 500 덩어리와 소고기 어깨 부위를 먹고, 100잔의 술을 마시는 사람이며, 잘려나간 머리를 다시 붙이는 방법을 안다"고 묘사하기 때문이다.[4] 다섯 번째 이야기는 케옵스의 후계 구도에 관한 예언이며, 5왕조의 첫 세 왕들인 우세르카프(Userkaf, 약 2465-2458년), 사후레(Sahure, 약 2458-2446년), 카카이(Kakai, 약 2446-2426년)의 탄생으로 끝난다.

---

3   앞의 2장을 보라. 거기서 우리는 이 이야기를 더 상세하게 논한다.
4   Simpson, *Literature of Ancient Egypt*, 18.

웨스트카 파피루스는 18왕조(기원전 약 1550-1307년)에 만들어진 유일한 문서이다.[5] 그러나 그것은 원래 아마도 더 이른 시기인 12왕조 때(기원전 약 1991-1783년)에 기록되었을 것이다. 이것은 3-4왕조 동안 일어났던 사건들을 묘사하려는 의도가 있다. 그러므로 이 문서는 이것이 묘사하는 사건들보다 500-600년 이후쯤에 기록되었다.

목적

웨스트카 파피루스는 "역사적으로 신뢰성 있는 문서를 만들려는 의도로 기록된 것도 아니고, 진지한 역사로서 기록된 것도 아니었다."[6] 이것은 사실 신화를 역사화하려는 시도의 한 사례다. 문서 자체는 선전을 위한 것이다. 그것은 이념적 형식으로 사용된 허구적 기사다. 이집트 저자들은 왕위 계승을 정당화하려고 종종 신화에 크게 의존하곤 했다.[7] 웨스트카 파피루스의 요점은 그 당시 12왕조의 왕권을 그 이전의 왕들과 대비하여 정치적으로 정당화하려는 것으로 보인다. 해롤드 헤이즈(Harold Hays)가 설명한 것처럼, "문헌

---

5   현존하는 사본의 연대에 대해서 학자들마다 의견이 다르다. Georges Posener는 이것이 실제로는 두 번째 중간기/힉소스(Hyksos) 시대(기원전 약 1640-1532년)에 기록되었다고 믿는다. John R. Harris, ed., *The Legacy of Egypt*, 2nd ed. (Oxford: Clarendon, 1971), 237의 논의를 보라.

6   Harold M. Hays, "The Historicity of Papyrus Westcar," *Zeitschrift für Ägyptische Sprache und Altertumskunde* 129 (2002): 20-30.

7   John Van Seters, *In Search of History: Historiography in the Ancient World and the Origins of Biblical History* (New Haven, CT: Yale University Press, 1983), 181.

의 요지는 경박하고 이기적인 옛날 왕계와 진지하고 신들을 잘 섬기는 새로운 왕계 사이에 선을 긋는 것이다."[8] 그러므로 이 문헌은 이전 왕권을 희생시켜서 현재의 왕권을 공식적으로 칭송하는 표현(*encomium*)의 좋은 사례다.

### 세 번째 이야기

케옵스의 셋째 아들인 바우에프레는 4왕조 시대인 스네프루의 재위 기간에 일어났던 경이로운 사건을 왕에게 들려준다. 스네프루는 케옵스의 아버지였으며, 그 아들은 아버지를 바로 뒤이어 이집트의 왕좌를 이어받았다. 스네프루 왕은 쟈쟈에몽크(Djadjaemonkh)라는 이름을 가진 대마법사를 찾아 궁전을 뒤진다. 군주는 지루해했기에, 어떻게 하면 쾌락을 얻을 수 있는지에 대해 조언을 듣기 원한다. 이에 쟈쟈에몽크는 다음과 같은 제안을 한다.

> 왕께서는 궁전의 호수로 가십시오. 생명과 번영과 건강이 왕께 있기를! (l.p.h.)[9] 그리고 왕의 궁전에 있는 아름다운 여인들을 모두 데리고 배에 오르십시오. 배를 저어 호수를 오가는 동안 그들이 배를 젓는 모습을 보면 왕의 마음이 상쾌해질 것입니다. 왕께서는 왕의 호수를 헤엄쳐 다니는 아름다운 물고기들을 보실 것이며, 호수를 둘러싸고 있는 아름다운 들판을 보실 수 있습니다. 이 모든 것을 보시면 왕의 마음이 새로워질 것입니다.[10]

---

8 Hays, "Historicity of Papyrus Westcar," 29.
9 이것은 이집트 왕족과 관련해서 종종 나타나는 공식 명칭이며, "생명, 번영, 건강"을 의미하는 축약어다.

왕은 마법사의 조언을 받아들이며, 소풍을 가서 행복과 만족감을 느낀다.

그런데 문제가 발생하여 왕의 즐거움을 방해하고 만다. 노를 젓던 여인 중 한 명이 물고기 모양의 청록색 장신구를 물에 빠뜨렸던 것이다. 그녀는 다른 물건을 받기를 거절하며, 스네프루는 쟈쟈에몽크를 불러서 그의 비밀스러운 재주로 그 문제를 해결하라고 한다. 이야기는 다음과 같이 전개된다.

그러자 대마법사 쟈쟈에몽크는 주문을 외웠다. 그는 호수의 물을 한쪽으로 모으고 나서 질그릇 조각 위에 있는 물고기 모양의 장신구를 찾아냈다. 그는 그것을 가지고 돌아와 그 주인에게 주었다. 물은 12큐비트 깊이였는데, 물이 제자리로 돌아간 후에는 24큐비트가 되었다.[11] 그가 주문을 외우자, 호수의 물은 제자리를 찾았다. 왕은 궁전에 있는 모든 이와 함께 휴일을 보냈다. 생명과 번영과 건강이 왕께 있기를! 왕은 돌아와서 쟈쟈에몽크에게 모든 좋은 것을 상으로 주었다.[12]

이렇게 쟈쟈에몽크는 마법의 주문을 외워 호수를 가르고, 또다시 호수의 물을 원래 위치와 깊이로 되돌려놓는다.

---

10  Simpson, *Literature of Ancient Egypt*, 16.

11  이것이 이집트 왕족의 큐비트라면, 그 길이는 약 50센티미터 정도 된다. 그러므로 호수는 약 6미터 깊이다.

12  Simpson, *Literature of Ancient Egypt*, 17-18에서 인용됨.

  고대 근동 신들과의 논쟁

## 홍해

웨스트카 파피루스의 세 번째 이야기는 출애굽기 14장에 기록되어 있는, 이스라엘이 홍해를 건너는 성경 이야기를 연상시킨다. 윌리엄스(R. J. Williams)는 "모세가 홍해의 물을 가르는 극적인 기사(출 14:21f.)는 웨스트카 파피루스에서 서술하는 고대 이집트 마법사 쟈쟈에몽크가 이룬 유사한 기적에서 영감을 받았을 가능성이 있다"고 설명한다.[13] 두 이야기 사이의 유사성은 명백하다. 종교적이고 영적인 지도자 두 명이 초자연적인 수단으로 깊은 물을 나눈다는 것이 그것이다. 이집트의 대마법사는 마법 기술과 주문을 사용해서 물을 가르며, 히브리 예언자는 야웨 신이 부여한 능력이 담긴 지팡이를 사용하여 똑같은 일을 한다(출 14:15-18). 그들은 둘 다 물을 가르는 데 성공하며, 또한 물을 원래 위치로 돌려놓을 수 있다(출 14:27).

히브리인들의 홍해 도하 기사는 케옵스 왕과 마법사들의 이야기보다 나중에 저술되었기 때문에 성경 저자가 병행을 사용하고 있는지, 그리고 그 병행을 어떻게 사용하고 있는지는 문제가 될 수 있다. 두 이야기 사이의 주요한 차이점은 그 이집트 이야기가 역사적 문헌으로 받아들여질 목적으로 기록되지 않은 것이 분명하지만, 히브리 저자는 그의 자료가 역사적 사실로 간주되도록 의도했던 것이 분명하다는 데 있다. 이집트의 기사는 신화다. 반면 히브리 기사는 신화가 아니다. 이 책에서 나는 폴 베인(Paul Veyne)을 비롯한 여러 학자가 제시한 신화에 대한 고전적인 이해를 채택한다.[14] 예를 들

---

13  Harris, *Legacy of Egypt*, 271에서 인용됨.

어 이 견해에 따르면, 아테네를 건국한 왕으로 추정되는 테세우스 (Theseus)에 관한 그리스 신화의 경우, 그리스인들은 그가 미노타우로스(Minotaur)를 절대 죽이지 않았다는 사실을 알고 있었다. 그런데도 그들은 테세우스의 존재를 믿었으며, 그를 위해 족보를 만들고, 수많은 역사적 행적을 그의 업적으로 돌릴 수 있었다. 이것은 그런 사건들이 실제로는 일어나지 않았음에도 불구하고 역사가 신화에 적용되는, 모순의 과정이다. 그래서 고대 신화는 상상력으로 창조된 역사다. 이와 대조적으로, 히브리인의 출애굽 기사는 역사적 내러티브며, 시간과 공간 안에서 실제로 일어난 사건들에 근거한 기사로 기록되었다. 이 점에서 이스라엘 사람들의 역사적 내러티브는 급진적으로 반(反)신화적이며 결코 상상의 산물이 아니다.

성경 저자가 홍해 도하 사건을 호수를 가른 쟈쟈에몽크 신화에 대한 논쟁적인 병행으로 여겼던 것은 확실해 보인다. 이집트의 대제사장은 귀중한 장신구를 찾으려고 물을 갈랐을 것이다. 그러나 히브리인들의 하나님은 모세를 통해 홍해 전체를 가르고 한 나라가 마른 땅을 건너 지나가게 하셨다. 이집트 문헌에서 신화였던 것은, 성경 저자가 기록한 것처럼, 시간과 역사 속에서 실제가 되고 사실이 되었다. 그리고 이 병행은 이집트 저자의 상상력 안에서 이루어진 것에 불과한 사건과 대조적으로 야웨께서 역사 안에서 이루신 일을 강조하고 부각시키기 때문에 논쟁적이다.

---

14　Paul Veyne, *Did the Greeks Believe in Their Myths? An Essay on Constitutive Imagination*, trans. Paula Wissing (Chicago: University of Chicago Press, 1988).

　고대 근동 신들과의 논쟁

## 홍해 기사 안의 논쟁

홍해를 가른 이야기에는 성경 저자가 이집트를 조롱하는 것이 그 기사의 중요한 양상임을 말해 주는 또 다른 논쟁적 요소들이 담겨 있다. 사실 출애굽 사건 전체는 논쟁적인 아이러니를 포함하고 있는데, 이것은 전혀 놀랍지 않다. 이집트에 여덟 번째 재앙이 임하는 동안, 하나님은 이스라엘 사람들에게 그가 자신의 백성을 이집트에서 구원해내는 두 가지 이유를 제시하신다. 본문은 하나님이 그렇게 하시는 이유가 "네게 내가 애굽에서 행한 일들(애굽을 가혹하게 다룬 것) 곧 내가 그들 가운데에서 행한 표징을 네 아들과 네 자손의 귀에 전하기 위함이라. 내가 야웨인 줄을 너희가 알게 하기"(출 10:2) 위한 것이라고 말한다. 출애굽의 첫 번째 이유는 이스라엘 사람들과 그 후손에게 야웨의 인격과 일하심에 대해 교육하는 데 있다. 두 번째 목적은 이집트에 대한 심판이다. "가혹하게 다루다"라는 동사는 조롱의 의미를 담고 있는 히브리어 동사 어근을 갖고 있다. 브라운(Brown), 드라이버(Driver), 브리그스(Briggs) 사전은 이 절을 "내가 애굽을 갖고 놀았다"라고 적절하게 번역한다.[15] 야웨는 이집트인들을 심판할 뿐만 아니라 그 과정에서 그들을 조롱하신다. 이 지점에서 나는 홍해 기사에 들어 있는 논쟁의 여러 가지 사례를 제시할 것이다.

---

15　F. Brown, S. R. Driver, and C. A. Briggs, *A Hebrew and English Lexicon of the Old Testament* (Oxford: Oxford University Press, 1929), 759. 사무엘상 6:6에서 이 동일한 동사는 또다시 이집트인들을 조롱하는 하나님에게 사용된다.

고대 이집트인들은 태양을 의인화한 아몬-레를 주요 신으로 간주
했다. 그들은 태양신이 동쪽에서 떠오르면서 매일 아침 새롭게 태
어나며, 이러한 매일의 활동은 새로운 생명과 부활을 상징한다고 믿
었다. 그들은 아몬-레를 가장 존경했으며, 그에 대한 그들의 존경심
은 (종종 "아몬-레에게 바치는 찬가"라고 불리는) 불라크(Boulaq) 파피루
스 17에서 드러난다. 우리가 보았듯이 이 문헌은 태양신에 대해 말
한다.

> 신들이 찬양하는 선하고 사랑스러운 청년
> 위에 있는 것과 아래에 있는 것을 만들었던 청년
> 두 땅을 밝히 비추며
> 평화롭게 하늘을 오가는 청년
> 이집트 상부와 이집트 하부의 왕: 라(Ra)는 승리자이며
> 두 땅의 주인이며
> 강한 힘을 가진 위엄 있는 주님이며
> 온 땅을 만든 주된 신이로다.
> 어떤 (다른) 신보다 더 뛰어난…[16]

태양신이 동쪽에서 떠오를 때, "온 피조물이 즐거워하며, 신들과 여

---

16  James B. Pritchard, ed., *Ancient Near Eastern Texts Relating to the Old Testament*, 2nd ed. (Princeton, NJ: Princeton University Press, 1955), 365.

신들, 왕, '동쪽의 영혼들', 온갖 종류의 인간들, 시끄럽게 환호하는 원숭이들이 그를 맞아줄 것이다."[17]

태양신은 동쪽에서 태어난 후, 해를 타고 하늘을 가로질러가며 나이를 먹고, 서쪽으로 지면서 죽는다. 태양신은 밤이면 지하 세계를 통과하며, 새벽이 되면 다시 태어난다. 아몬-레가 서쪽으로 떨어질 때, 그는 죽음과 어둠과 지하 세계를 상징한다.

홍해가 갈라지기 바로 직전에, 구름 기둥이 이집트 군대와 바다 앞에 서 있는 이스라엘 백성 사이를 갈라놓았다. 그 본문은 "그리고 그것은 이집트의 진영과 이스라엘 진영 사이에 왔다. 그리고 구름은 어두움과 함께 있었으며, 그것은 밤에 빛을 부여했다. 그리고 밤새도록 한쪽이 다른 쪽으로 오지 않았다"(출 14:20)라고 말한다. 이 절을 적절하게 잘 해석하면, 구름의 한쪽은 빛을 가져왔으며 다른 한쪽은 어두움을 주었다는 것이다. 이집트인들은 어둠에 휩싸여 있었으며, 히브리인들은 빛을 받고 있었다. 아몬-레와 태양신의 화신인 파라오는 그들의 백성에게 빛을 가져다줄 수 없었다. 이집트 군대는 어둠 속에 남아 있었으며, 이 어둠은 그들 위에 임한 심판과 죽음을 상징했다.

이 장면은 야웨가 이집트를 온통 암흑으로 휩싸이게 했던 아홉 번째 재앙을 상기시킨다. 그 재앙의 결과로 아몬-레는 가려져 있었으며 그를 숭배하는 자들에게 빛을 비춰줄 수 없었다(출 10:21-29).

---

17    John Baines and Jaromir Malek, *Atlas of Ancient Egypt* (New York: Facts on File, 1990 reprint), 216.

그 재앙이 진행되는 동안 아몬-레는 다시 떠오르지 않았으며 생명을 주지 않았다. 그의 영역은 죽음과 심판과 절망이었다.

일반적으로 이스라엘의 저자들은 이집트의 레 숭배에 대해 잘 알고 있었다. "예를 들어 모세 오경의 특정한 본문에서 성경 저자는 이집트의 신인 레/라의 이름과 히브리어의 라(*ra'*, "악한")를 가지고 언어 유희를 했다. 이것의 명백한 사례는 출애굽기 5:19, 10:10, 32:12, 22, 민수기 11:1, 20:5, 신명기 9:18에서 발견된다. 이러한 이중적 의미에는 이집트의 주요 신을 조롱하려는 목적이 있었다."[18]

### 삼키는 행위

홍해를 가른 사건의 결과 중 하나는 이집트 군대를 "땅이 삼켰다"는 것이다. 이집트 문화에서 삼키는 행위는 마법적으로 큰 중요성과 의미가 있었다.[19] 로버트 리트너(Robert Ritner)에 따르면, "삼킨다는 행위에는 한 사물을 흡수하는 것과 그 혜택이나 특성을 얻는 것이 수반된다. 또한 그 행위는 주로 적대적인 기능을 수행할 수 있으며, 이때 '삼킨다'는 것은 '파멸시킨다'를 의미한다. 그러나 이때에도 힘을 얻는다는 개념은 유지된다."[20] 또한 이집트의 마법 교과서에서 "삼

---

18 John D. Currid, *Ancient Egypt and the Old Testament* (Grand Rapids, MI: Baker, 1997), 112-113. 이러한 언어 유희에 대한 중요한 논의는 Gary A. Rendsburg, "The Egyptian Sun-God Ra in the Pentateuch," *Henoch* 10 (1988): 3-15을 보라.

19 Scott B. Noegel, "Moses and Magic: Notes on the Book of Exodus," *Journal of the Ancient Near Eastern Society* 24(1996): 45-59.

20 Robert K. Ritner, *The Mechanics of Ancient Egyptian Magical Practice*, Studies of Ancient Oriental Civilization 54 (Chicago: Oriental Institute, 1993), 103.

　　　　　　　　　　　　고대 근동 신들과의 논쟁

키다"라는 단어는 한 사물이나 사람을 "안다"는 것과 그것이나 그 사람에 대해 힘을 갖게 됨을 의미한다.[21] 그러므로 하나님이 홍해가 이집트 군대를 "삼키게" 하셨을 때, 그것은 이집트 군대를 멸망시키는 일일 뿐만 아니라, 그들의 힘과 권위 및 지식을 흡수하는 것을 말한다.

## 마음을 완악하게 함

홍해를 건너는 사건 동안, 야웨는 이스라엘 사람들에게 자신이 그들을 위해 일하는 주요한 목적을 이렇게 설명하신다. "내가 바로의 마음을 완악하게 한즉 바로가 그들의 뒤를 따르리니 내가 그와 그의 온 군대로 말미암아 영광을 얻어 애굽 사람들이 나를 여호와인 줄 알게 하리라"(출 14:4). 파라오의 마음을 완악하게 한 것은 출애굽기 기사에서 주요 모티브다(예를 들어 출 4:21; 7:3; 9:12; 10:1, 20, 27; 14:8을 보라). 나는 다른 저서에서 "바로의 마음을 완악하게 한다"는 주제가, 이집트인들이 파라오가 순수하고 오염되지 않은 인품을 갖고 있다고 믿었던 그들의 편만한 믿음에 대한 논쟁임을 보여주려고 노력했다. 나는 여기서 그 논증을 반복하지는 않겠지만 독자에게 관련된 문헌은 제시할 것이다.[22]

---

21  Noegel, "Moses and Magic," 49.

22  John D. Currid, "Why Did God Harden Pharaoh's Heart?" *Bible Review* 9/6 (1993): 46-51; 같은 저자, "The Egyptian Setting of the Serpent Confrontation," *Biblische Zeitschrift* 204/4 (1991): 18-40; 같은 저자, *Ancient Egypt and the Old Testament*, 96-103을 보라.

제11장

가나안 모티브

마이클 쿠건(Michael Coogan)은 가나안 신화를 번역하고 주석한 저
서에서 다음과 같은 흥미로운 진술을 한다.

> 가나안 모티브는 성경 어디에서나 볼 수 있다. 가장 중요한 점은 야웨와
> 그의 행위를 묘사할 때 바알-언어와 엘-언어가 혼재한다는 점이다. 이
> 스라엘의 신은 유일하지만, 이스라엘이 그에 대한 이해를 표현할 때 사용
> 하는 문구들은 그렇지 않다. 이스라엘 사람들이 살았던 문화적 환경에 대
> 해 더 많이 알게 될수록, 예언자의 말은 더욱 진리로 와 닿는다. 즉 그들
> 이 난 땅과 근본이 가나안이라는 사실이다(겔 16:3).[1]

쿠건은 한 가지 점에서는 분명히 옳다. 주제와 세부사항 면에서 가
나안 문헌들과 성경 기사들 사이에는 수많은 병행이 있다는 점이다.
반면에 그가 이런 많은 병행을 설명하는 이유로 제시한 것은 의문의

---

1    Michael D. Coogan, *Stories from Ancient Canaan* (Philadelphia: Westminster,
1978), 23.

 고대 근동 신들과의 논쟁

여지가 있다. 그는 이스라엘 사람들이 사실 원래 가나안 사람들이었기 때문에, 히브리 저자들이 가나안 신학의 모티브를 많이 빌려왔으며, 별 구별 없이 그것들을 야웨에게 적용했다고 말하는 것처럼 보인다. 그래서 내가 쿠건의 저서를 옳게 읽었다면, 이스라엘이 무차별적으로 가나안 문헌으로부터 차용해온 병행들에 비추어볼 때, 야웨는 실제로는 신으로서 그다지 특별하지 않다.

이것이 가나안 신들과 야웨에 대해 사용된 병행하는 모습들을 이해하는 유일한 방법인가? 이 관계는 단순한 차용인가? 이것은 단지 혼합주의에 불과한 것인가? 히브리 저자들은 이교 신학을 표절하고, 이교 신학에서 이교적 요소를 제거한 죄를 지은 것인가? 어쩌면 그 둘 사이의 관계는 히브리 저자들이 가나안의 모티브를 단순히 빼앗아다가 그들의 야웨 신앙의 목적을 위해 사용한 것보다 훨씬 더 복잡할지도 모른다. 그 관계의 복잡성을 이해하기 위해서, 우선 가나안 문헌의 기원, 연대, 기본 내용에 대해 짧게 개괄해보기로 하자.

## 가나안 문헌

고대 가나안 문헌 대다수는 지중해의 북시리아 해변에 있는 (종종 라스샤므라[Ras Shamra]라고 불리는) 우가리트 유적지에서 온 것이다. 우가리트는 기원전 2천 년대에 가나안의 가장 큰 도시 국가였다. 1929년에 그곳에서 발굴이 시작되었으며, 작업은 제2차 세계대전을 전후한 10년 동안(1939-1948년) 잠시 중단된 것 외에는, 21세기까지 거의 쉬지 않고 계속되었다. 라스샤므라/우가리트에서 발굴된 가장 중요한 유적은 궁전과 성전 터에서 발견된 수많은 문헌이다.

올로프 페더슨(Olof Pedersen)은 그 자리에서 17개의 문서 보관소가 발견되었다고 결론지었으며, 여기서 온 서판 중 1500개 이상이 출간되었다.[2] 가나안 문헌 중 (시리아와 이스라엘과 같은) 레반트의 다른 발굴지에서 온 것이 소량 있지만, 대부분은 우가리트에서 발견되었다.

우가리트는 기원전 15-13세기에 걸쳐 정치적·사회적·경제적으로 최고의 번성기를 구가했다. 이때는 문헌의 성문화가 활발하게 이루어지기 시작했던 때이며, 그 지역의 문학이 황금시대를 맞은 때이다. 추정컨대 우가리트는 기원전 1200년경에 "바다 사람들", 즉 그리스와 에게해의 섬들에서 온 여러 무리의 침략자들에게 멸망당하여 최후를 맞았다.

우가리트 문헌에는 다양한 저술 유형이 있다. "거기에는 외교 문서, 법률 기록, 말의 질병 치유 방법, 신들의 긴 목록, 제물, 공급 물자, 인사, 그 도시에서 사용된 여러 언어에 상응하는 단어 사전, 그리고 지금 우리의 철자법과 본질적으로 동일한 순서를 가진 가장 오래된 완벽한 알파벳 등이 포함되어 있다."[3] 이 지역에서 가장 잘 보존되었고 또 가장 잘 알려진 문헌으로는 「바알 사이클」(Baal Cycle), 「아카트의 전설」(Legend of Aqhat), 「케레트의 전설」(Legend of Keret)이 있다. 유명한 서기관인 일리밀쿠(Illimilku)는 여러 문학 작품을 필사하고 복사하여 모았던 것으로 알려져 있다. 윌리엄 슈니데윈드

---

2    Olof Pedersen, *Archives and Libraries in the Ancient Near East 1500-300 B.C.* (Bethesda, MD: Capital Decisions, 1998), 70-74.

3    Coogan, *Stories from Ancient Canaan*, 10.

 고대 근동 신들과의 논쟁

(William Schniedewind)와 조엘 헌트(Joel Hunt)는 "이 문헌은 2천 년대 후반의 문화를 들여다보는 창을 열었으며, 고대 이스라엘을 문화적·종교적·언어학적으로 이해할 수 있는 놀라운 통찰의 보고가 되었다"고 해설하는데, 그 해설은 옳다.[4]

방금 언급된 특정한 문헌은 그 도시의 주요 성전 경내에 있는 바알의 대제사장 서재에서 전부 발견되었다. 이 문헌들은 그 발굴지의 다른 곳에서 발견된 부차적인 문헌들과 함께 우가리트 종교에 대한 우리 지식의 기반이 된 기본적인 신화들을 제공해준다. 따라서 이 문헌들은 구약의 종교적 환경을 이해하는 데 도움을 준다. 또한 우리는 가나안과 이스라엘의 종교적 관습 사이에 있는 많은 병행을 볼 수 있다. 이 장에서 우리의 목표는 그 둘 사이의 관계에 대한 통찰을 얻는 것이다. 그러므로 우리는 우가리트 문헌에서 발견되는 가나안 신학을 짧게 묘사함으로 시작할 것이다.


## 가나안의 신들

우가리트 문헌에 따르면 신들의 우두머리는 엘(El) 신이었다. "신들의 아버지"와 "왕"이라는 그의 명칭이 나타내는 것처럼, 그는 신들과 우주의 지배자였다. 엘이라는 이름은 고대 근동 전역에서는 단순히 "신"을 의미하는 흔한 이름이다. 이 이름은 "힘"을 의미하는 셈어 단어로부터 파생되었을 가능성이 있지만, 그 어원에 대해서는 논란

---

4    William M. Schniedewind and Joel H. Hunt, *A Primer on Ugaritic: Language, Culture, and Literature* (Cambridge: Cambridge University Press, 2007), 21.

이 많다. 우가리트 신화는 엘의 집이 산꼭대기에 위치하고 있으며, 그곳에서부터 두 강이 뻗어 나와 온 지구상에 물을 공급한다고 말한다. 그의 집은 "두 큰 물 근원의 한중간에" 있다.[5] 그곳에서 엘은 장막 안에 살았으며, 신들의 회합은 그의 주권과 권위 아래 그곳에서 열렸다.

신들의 두 번째 계급은 바알-아나트(Baal-Anath) 신화에서 "회합체"(Assembled Body)라고 불린다.[6] 이 수많은 신은 자연의 여러 요소로 의인화되었다. 예를 들어 바알은 폭풍의 신이었으며, 그의 배우자인 아나트는 사랑과 전쟁의 여신이었다. 바알의 적은 죽음과 지하 세계의 신이었던 모트(Mot)였다. 바알의 아버지는 농업의 신인 다곤(Dagon)이었다. 문헌에 보면 신들의 세 번째 계급도 있는데, 그들은 다른 신들의 종으로 종사했다.

「바알 사이클」과 같은 우가리트 문헌을 보면, 바알 신은 신들 중에 가장 강하고 중심적인 신으로서 엘(El)을 능가했던 것으로 보인다. 바알은 심지어 "나 혼자만이 신들을 지배할 것이다"라고 주장했으며, 「바알 사이클」은 바알이 혼돈의 세력을 물리침으로써 최고의 권좌에 등극하는 이야기를 서술한다. 엘처럼 바알은 자폰(Zaphon)산이라고 불리는 자신의 산 위에 살았다.

올림포스산 꼭대기에서 제우스가 이끌었던 그리스의 신들처럼 가나안의 신들은 매우 컸다. "그들은 거대한 보폭으로 걷는다. '한 걸

---

5    James B. Pritchard, ed., *Ancient Near Eastern Texts Relating to the Old Testament*, 2nd ed. (Princeton, NJ: Princeton University Press, 1955), 129에서 인용됨.
6    Ibid., 130.

                                    고대 근동 신들과의 논쟁

음 내디딜 때마다 1만 에이커에 달하는 들판을 건너간다.' 그리고 인간의 운명에 대한 그들의 통제는 절대적이다. 그들은 인간의 이해와 통제를 넘어선 실재를 구현한다."[7] 반면에 신들은 자주 인간적으로 행동했으며, 사람과 같은 욕망과 결점 및 행동을 드러냈다. 예를 들어 「바알 사이클」에서 신들은 엘의 산꼭대기에서 연회를 즐기려고 모여 앉아 있는 것으로 그려진다.

거기에서 신들은 먹기 위해 앉았다.
거룩한 자들이 식사를 하려고 앉았다.
바알은 엘 옆에 서 있었다.


엘 신은 적어도 한 문헌에서는 주연(酒宴)에서의 태도와 행동이 그다지 훌륭하지 않음에도 불구하고, 수염을 기른 지혜로운 족장과 같은 인물로 묘사된다. 그래서 가나안의 신들은 인간의 형상으로 만들어졌다고 말할 수 있을 것이다.

## 우가리트와 이스라엘

우가리트 서판들이 발견되기 전에는 성경 외의 문헌으로부터 고대 가나안에 대해서 얻은 지식은 거의 없었다. 물론 성경은 가나안 문화, 특히 그 종교에 대해 많이 언급한다. 이런 언급들 대부분은 당연히 가나안 사람들에 대해 부정적이고 적대적이다. 반면에 우가리트

---

7    Coogan, *Stories from Ancient Canaan*, 14.

문헌들은 다른 렌즈를 통해서 가나안 사람들의 믿음을 독립적이고
광범위하게 증언한다. 또한 우가리트와 이스라엘의 역사가 대개 동
시대의 역사라는 점에 주목하는 것이 중요하다. 우가리트는 기원전
15-13세기에 정치적·사회적·경제적으로 최고의 번영을 구가했으
며, 또 이때는 이스라엘이 처음으로 가나안 땅에 들어가서 한 나라
를 시작했던 시기였다.

성경 문헌과 우가리트 문헌 사이에는 수많은 병행이 있다. 그리
고 그것들은 여러 구문론적 차원에서 나타난다. 그 병행들은 쉽게
접할 수 있는 문헌에서 흔하게 인용되기 때문에, 우리는 이 병행들
을 살펴보지는 않을 것이다.[8] 병행들은 특히 시적인 장르에서 현저
하게 나타난다. 예를 들어 히브리 시의 뚜렷한 양상 중 하나는 대구
법인데, 우가리트의 시에서도 그것이 지배적인 특징으로 드러난다.

현대 학자들은 성경 문헌이 가나안 문헌을 자유롭게 빌려왔다고
종종 주장한다. 앞서 언급한 미첼 다후드(Mitchell Dahood)의 저서는
히브리 시편들을 가나안 문헌과 사상에 크게 의존하고 있는 것으로
묘사한다. 그는 성경의 시편들이 가나안의 시편이라고 주장하는 것
처럼 보일 때가 있는데, 그럴 때 그의 주장은 과하다고 여겨진다. 그
러나 여기서 또다시 질문한다면, 그것이 그 관계의 성질을 설명하
는 유일한 방법일까? 히브리 저자들이 가나안 자료를 인용할 때, 그
들은 대대적으로 표절하고 있는가? 그들은 가나안인들의 저술을 단

---

8   특히 Mitchell Dahood, *Psalms*, vols. 1-3, Anchor Bible (Garden City, NY:
    Doubleday, 1966-1970)를 보라. Dahood는 병행 부분들을 인용할 때 좀 과하기는
    하지만 그의 저서는 대개 훌륭하다.

                                    고대 근동 신들과의 논쟁

순히 모방하고 차용한 다음, 그것들을 그들의 문화적 맥락에 적용했
는가? 여기서 우리는 히브리 저자들이 가나안 문헌을 사용했을 법
한 한 가지 방식을 보기 위해 몇 가지 병행을 살펴볼 것이다.

### 시편 29편

다후드는 이 찬가가 원래는 가나안 사람의 작품이었는데, 이스라엘
사람들이 자신들의 예배를 위해 개작했다고 주장한다. 그는 다음과
같이 말한다.

> 이 시편이 폭풍의 신인 바알에게 바쳐졌던 더 옛날의 가나안 찬가를 야
> 웨 신앙에 맞추어 개작한 것이라는 사실은, 라스샤므라에서 서판들이 나
> 중에 발견되어 이 문헌들을 해석하는 데 진전을 보면서 더 공고히 인정
> 되었다. 시편에 있는 거의 모든 단어는 더 옛날의 가나안 문헌에 그대로
> 반복될 수 있다.[9]

많은 학자는 이 설명에 동의한다.[10] 시편 29편이 어휘와 운율 및 구
조의 측면에서 우가리트 문헌과 분명한 병행을 이룬다는 점은 확
실하다. 시편의 구체적인 표현들은 가나안의 어법과 확연하게 일치

---

9   Ibid., 175.

10  이 해석을 가장 처음 제시한 사람은 Harold L. Ginsburg, "A Phoenician Hymn in the
    Psalter," *XIX Congresso Internzionale degli Orientalisti* (Rome, 1935), 472-476
    이었다. T. H. Gaster, "Psalm 29," *Jewish Quarterly Review* 37 (1946-1947): 55-65
    과 Frank M. Cross, "Notes on a Canaanite Psalm in the Old Testament," *Bulletin
    of the American Schools of Oriental Research* 117 (1950): 19-21을 참조하라.

한다. 예를 들어 시편 29편의 첫 번째 절은 "너희 권능 있는 자들아, 영광과 능력을 여호와께 돌리고 돌릴지어다"라고 말한다. 히브리어에서 "권능 있는 자들"이라는 용어는 문자 그대로 번역하면 "하나님의 아들들"(*bny 'elim*)이다. 가나안 신화에는 *bn ilm* 즉 "엘의 아들들"이라고 불리는 무리가 있다. 그리고 이 명칭은 엘을 주요 신으로 하는 가나안의 신들 중 작은 신들을 가리킨다. 다후드는 "구약에서 그 용어가 탈신화화 되었으며, 야웨의 궁정의 일원이며 그가 시키는 일을 하는 천사들이나 영적 존재들을 가리키게 되었다"[11]라고 결론을 내리는데, 그것이 일반적인 결론이다. 그것이 주장하는 바는 명확하다. 즉 히브리 시편 저자는 가나안의 이 표현을 차용했으며, 그것을 탈신화화하여 야웨 종교에 적용했다는 것이다.

"차용된" 표현의 또 다른 사례는 "야웨의 소리"를 언급하는 시편 29편의 반복적인 구절에서 나온다(3, 4a, 4b, 5, 7, 8, 9절). "콜 야웨"(*Qol Yahweh*)는 이 시편 내내 천둥과 번개와 폭풍의 여러 현상으로 상징되는 야웨의 능력을 나타내는 데 사용된다. 가나안 문헌에서도 비와 천둥으로 의인화된 바알의 능력을 언급하는 데 유사한 표현들이 사용되며, 폭풍은 바알 신현의 한 가지 표지다.

사실 이 시편 전체는 땅 위에 임하는 야웨의 임재를 묘사하기 위해 폭풍의 이미지를 사용한 비유로 정의될 수 있다. 야웨는 모든 피조물 위에 왕으로 좌정하시지만(10절), 그는 땅에서 일어나는 일들 안에 내재하시기도 한다. 시편 29편에서 지배적인 이런 폭풍 이미지

---

11  Dahood, *Psalms*, vol. 1, 175.

    고대 근동 신들과의 논쟁

들은 우가리트 신화의 바알 이미지와 너무나도 현저하게 병행을 이룬다. 바알은 사실 폭풍의 신이었다!

시편 29편과 우가리트 문헌 사이에 이처럼 중요한 병행이 많다는 사실을 우리는 어떻게 이해해야 하는가? 여기서도 많은 학자는 시편 29편이 단순히 가나안의 찬가를 빌려다가 정화한 것으로 본다. 그러나 사실 이것은 바알과 가나안 종교에 대항하는 논쟁일 가능성이 크다. 시편의 핵심은 야웨를 높이는 것이며, 그 영광을 받을 만한 대상은 야웨의 이름이며 다른 누구의 이름도 아니다. 이 찬가를 지배하는 것은 야웨라는 이름이다. "야웨"는 불과 11절로 구성된 시편에서 18번이나 나타나는, 이 노래의 "주도적인 단어"(leitwort)다. 히브리 시편 저자는 철저한 유일신주의자이며, 이 유일신 사상은 가나안의 신들을 희생함으로써 얻은 것이다. 그러므로 바알이 천둥을 치지 않고, "영광의 하나님이 우렛소리를 내시는"(3절) 것이다. 그리고 "엘의 아들들"은 영광을 야웨에게 돌리지, 가나안의 주요 신에게 돌리지 않는다. 이 시편은 야웨의 영광에 관한 것이며, 다른 어떤 존재의 영광에 관한 것이 아니다. 성경 저자의 급진적인 유일신 사상은 가나안의 거짓 신들을 조롱하는 이 논쟁을 통해 밝게 빛난다.

## 산의 신

구약 내내 히브리의 하나님은 산과 연관이 된다. 성경에서 하나님과 관련된 첫 번째 산은 시내산/호렙산이며, 그곳에서 야웨는 자기 자신을 모세에게 나타내시고 나중에 이스라엘에게 율법을 주신다.[12] 출애굽기 19:16-18은 다음과 같이 기록한다.

셋째 날 아침에 우레와 번개와 빽빽한 구름이 산 위에 있고 나팔 소리가 매우 크게 들리니 진중에 있는 모든 백성이 다 떨더라. 모세가 하나님을 맞으려고 백성을 거느리고 진에서 나오매 그들이 산기슭에 서 있는데 시내산에 연기가 자욱하니 야웨께서 불 가운데서 거기 강림하심이라. 그 연기가 옹기가마 연기같이 떠오르고 온 산이 크게 진동하며.

유사한 묘사는 열왕기상 19장에서도 주어진다. 그때 예언자 엘리야는 야웨를 만나기 위해 호렙으로 간다(8절). 그리고 하나님은 그에게 다음과 같이 말씀하셨다.

"너는 나가서 여호와 앞에서 산에 서라" 하시더니 여호와께서 지나가시는데 여호와 앞에 크고 강한 바람이 산을 가르고 바위를 부수나(11절).

시내산/호렙산은 종종 "하나님의 산"으로 지칭되며(출 3:1; 4:27; 18:5; 24:13; 왕상 19:8), 적어도 한 번은 "여호와의 산"으로 지칭된다(민 10:33). 이 산은 하나님이 거주하시는 곳이며, 그의 백성에게 신현하시는 곳이다.

출애굽기 15:17은 또 다른 산이 언젠가 하나님을 경배하는 데 중심이 될 것이며 그곳에서 하나님이 그의 백성과 함께 거하실 것

---

12 어떤 학자들은 호렙산이 시내산이 아니라 같은 지역에 있는 다른 산이라고 주장하려고 시도했다. 다른 학자들은 그것이 시내산이 일부분인 전체 산악 지대를 가리킨다고 믿는다. 그러나 이것은 단순히 시내산의 다른 이름이며, 호환적으로 사용되었을 가능성이 매우 높다(예를 들어 출 3:12을 보라).



고대 근동 신들과의 논쟁

이라고 예고한다.



이 절은 이스라엘이 약속의 땅에서 확실히 자리를 잡고, 예루살렘의 시온산이 야웨에게 예배드리는 중심지가 될 때를 내다본다. 시온산은 "그의 거룩한 산"(시 48:1)이라고 불리며, 야웨가 "좌정하시고"(시 9:11) "거하시는"(사 8:18; 욜 3:17) 곳이다.

성경에서 히브리인의 하나님을 부르는 초기 이름 중 하나는 "엘 샤다이"다. 하나님이 히브리인들을 이집트에서 구원해내는 문맥에서, 하나님은 모세에게 "내가 아브라함과 이삭과 야곱에게 전능의 하나님("엘 샤다이")으로 나타났으나 나의 이름을 야웨로는 그들에게 알리지 아니하였고"(출 6:3)라고 말씀하셨다. 종종 "전능하신 하나님"으로 번역되지만, 이것은 "산의 하나님"을 의미한다.[13]

이 장에서 앞서 언급한 대로, 가나안 신들의 우두머리는 엘이었으며, 엘은 산 위 장막 안에서 살았고, 그 산으로부터 맑고 깨끗한 물이 온 땅으로 흘러갔다. 또한 신들의 회의가 열렸던 곳도 이 산 위였다. 초기 이스라엘 문헌에 있는 엘 샤다이같이 엘을 포함한 이름

---

13  William F. Albright, "The Names Shaddai and Abram," *Journal of Biblical Literature* 54 (1935): 173-204.

들을 근거로 프랭크 무어 크로스(Frank Moore Cross)는 야웨가 원래
는 엘이었다고 결론 내렸다.[14] 야웨가 나중에 엘의 많은 특징을 떨쳐
버리고 하나의 신으로서 개별적인 정체성을 계발했다는 것이다.

다른 학자들은 야웨가 원래는 바알이었을 것이라고 주장한다. 즉
그가 폭풍 속에서 현현하며 산 위에서 자신을 계시했던 폭풍의 신
이라는 것이다. 바알의 현현은 다음과 같이 묘사된다.

> 그런 다음 바알은 구름 사이에 틈을 냈다.
>
> 바알은 그의 거룩한 목소리를 발했으며,
>
> 바알의 입술에서부터 천둥이 치고…
>
> 땅의 높은 곳들이 흔들렸다.[15]

야웨는 초기 이스라엘 문헌에서 유사한 이미지로 묘사된다. 예를 들
어 "드보라의 노래"에서는 이렇게 기록된다.

> 여호와여 주께서 세일에서부터 나오시고,
>
> 에돔 들에서부터 진행하실 때에,
>
> 산이 진동하고
>
> 하늘이 물을 내리고
>
> 구름도 물을 내렸나이다.

---

14　Frank M. Cross, *Canaanite Myth and Hebrew Epic: Essays in the History of the Religion of Israel* (Cambridge, MA: Harvard University Press, 1997 ed.).

15　Coogan, *Stories from Ancient Canaan*, 21.

산들이 여호와 앞에서 진동하니,

저 시내산도 이스라엘의 하나님 여호와 앞에서 진동하였도다(삿 5:4-5).

주석가 중에는 엘과 바알의 특징들이 섞여서 야웨 신으로 진화해가는 혼합주의 과정이 일어났다고 믿는 사람도 있다. 그렇다면 야웨는 시간이 가면서 유일하고 개별적인 인물로 발전해갔던 가나안 신들의 복합체의 일종이 된다.

물론 문제는 야웨의 기원에 대한 이 진화론적이고 혼합주의적인 이해가 증거와 정말로 일치하는가이다. 야웨는 정말로 가나안의 신인 엘과 바알의 변종에 불과한가? 많은 병행을 설명할 다른 방법은 없는 것인가? 나는 이 책에서 논쟁 신학의 개념이 병행들을 적절하게 이해하게 해주는 효과적인 방법일 수 있음을 보여주려고 계속 노력했다. 이스라엘과 우가리트의 관계를 논하는 현시점에서 그것은 또다시 유익한 방법임이 입증된다.

"산의 신"이라는 모티브의 흥미로운 논쟁적 사례는 이사야 14:3-21에서 나타난다. 그 문단은 주로 이스라엘이 바빌론 왕을 조롱하는 내용으로 구성된다. 조롱의 일부분은 다음과 같이 기록되어 있다.

너 아침의 아들 계명성이여!

어찌 그리 하늘에서 떨어졌으며

너 열국을 엎은 자여!

어찌 그리 땅에 찍혔는고.

네가 네 마음에 이르기를

"내가 하늘에 올라

하나님[엘]의 뭇 별 위에

내 자리를 높이리라.

내가 북극 집회의 산 위에

앉으리라"(12-13절).


성경 저자는 가나안 신화를 사용해서 바빌로니아 왕을 조롱한다. 그는 바빌로니아 왕이 "북극"에 있는 "집회의 산" 위에 자기 자리를 놓음으로써 가나안의 신인 엘처럼 되기를 원한다고 말한다. 그러나 바빌로니아의 군주는 그 높이에 도달조차 할 수 없다는 것이 현실이다. 진실은 이렇다.


그러나 이제 네가 스올 곧 구덩이 맨 밑에

떨어짐을 당하리로다.

너를 보는 이가 주목하여

너를 자세히 살펴보며 말하기를

"이 사람이 땅을 진동시키며

열국을 놀라게 하[던 자가 아니냐?]"(15-16절).


가나안 신화에 대한 이스라엘의 더 직접적인 논쟁은 시편 82편에서 나타난다. 그 시편의 시작 부분을 문자 그대로 번역하면 다음과 같다.




고대 근동 신들과의 논쟁

하나님[엘로힘]은 엘의 회합 가운데에 서시며,

그[엘로힘]는 신들 가운데서 재판하시느니라(1절).

가나안 문헌에 대한 이 언급, 특히 엘 앞에서 신들의 회합이 열린다는 말은 이스라엘의 하나님이 가나안 신들 중 하나라는 것을 보여주지 않는다. 오히려 이것은 이스라엘의 하나님이 이교의 신들을 공격하는 모습을 묘사하기 위해서 사용된다. 혹은 다후드가 해설한 것처럼, 그것은 "하나님이 이교의 신들을 심판하시는 곳"이다.[16] 여기에는 가나안족속의 신학에 대한 시편 저자의 맹렬한 적대감이 있다. 그는 진정하고 유일한 하나님이 이교의 신들을 쫓아냈으며, 그분만이 땅의 유일한 지배자라고 주장한다(8절). 이 특정한 논쟁은 시편에서 흔하게 나온다(시 29:1-2과 9:6-9 참조).

논쟁 신학이 고대 근동의 문헌 및 삶과 구약 간의 관계에 대한 모든 문제에 답하지 않는다는 점은 확실하다. 그 관계에는 논쟁을 사용해서 이해하거나 설명할 수 없는 것이 많이 있다. 그러나 때로 논쟁 신학은 병행의 의미를 적절하게 볼 수 있는 건전하고 믿을 만한 해석학적 렌즈로서의 역할을 할 수 있다. 또한 무엇보다 중요한 것은 성경 저자들이 고대 근동의 우주관 및 우주 작동설과 대비되는 히브리 세계관의 독특성을 강조해주는 도구로 논쟁 신학을 사용했다는 사실이다. 상당히 많은 학자가 구약의 독창성과 독특성을 감소시키려고 하는 오늘 이 시대에, 이것은 결코 작은 일이 아니다.

---

16   Dahood, *Psalms*, vol. 2, 268.

고대 근동 신들과의 논쟁

사무엘상
6:6　203
14:27　179

사무엘하
8:2　164

열왕기상
12:28　164
14:25-26　21
17:1　45
19:8　220
19:11-12　46

열왕기하
3:4　165
3:5　165
3:6-9　165

역대하
12:2-4　21

시편
9:6-9　225
9:11　221
29　217-19
29:1-2　225
29:3　218
29:4a　218
29:4b　218
29:5　218
29:7　218

29:8　218
29:9　218
48:1　221
78:13　194
82　224
82:1　225
82:8　225
104:3　42
106:9-10　194
136　194
136:10-15　195

이사야
8:18　221
14:3-21　223
14:12-13　224
14:15-16　224
18:1-2　132
19:1　171
19:1-15　41
50:2　194
51:10　194
63:12　194

에스겔
16:3　210

요엘
3:17　221

하박국
3:14　179

스가랴
10:10-11　194

히브리서
11:24-27a　151

# 고대 근동 신들과의 논쟁

Copyright ⓒ 새물결플러스 2017

1쇄발행_ 2017년 11월 13일

지은이_ 존 D. 커리드
옮긴이_ 이옥용
펴낸이_ 김요한
펴낸곳_ 새물결플러스
편  집_ 왕희광·정인철·최율리·박규준·노재현·한바울·신준호·정혜인·김태윤
디자인_ 김민영·이지훈·이재희·박슬기
마케팅_ 임성배·박성민
총  무_ 김명화·이성순
영  상_ 최정호·조용석·곽상원

아카데미_ 유영성·최경환·이윤범

홈페이지 www.holywaveplus.com
이메일 hwpbooks@hwpbooks.com
출판등록 2008년 8월 21일 제2008-24호
주소 (우) 07214 서울특별시 영등포구 양평로 11, 4층(당산동5가)
전화 02) 2652-3161
팩스 02) 2652-3191

ISBN 979-11-6129-042-3 03230

책값은 뒤표지에 있습니다.

이 도서의 국립중앙도서관 출판예정도서목록(CIP)은 서지정보유통지원시스템
홈페이지(http://seoji.nl.go.kr)와 국가자료공동목록시스템(http://www.nl.go.
kr/kolisnet)에서 이용하실 수 있습니다. (CIP제어번호: CIP2017028321)